욕망의 나비 칼리마
A Butterfly Named Desire

김서권

HIM BOOKS

A Butterfly
Named Desire

욕망의 나비 칼리마

김서권

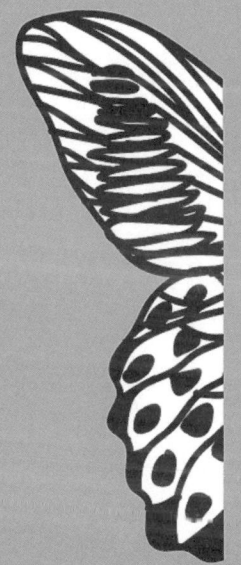

A
BUTTERFLY
NAMED
DESIRE

HIM BOOKS

인생에는 두 가지 비극이 있다

하나는 욕망대로 살지 못하는 것
다른 하나는 욕망대로 사는 것

- 버나드 쇼 -

별이 빛나는 밤하늘을 바라보면서 갈 수 있고
또 가야만 하는 길의 지도를
읽을 수 있었던 시대는
얼마나 행복했던가

- 게오르그 루카치 -

비텐베르크 성문을 향하여

마르틴 루터 종교 개혁 5백 주년에 부쳐

김서권

은전 몇 닢으로 천국을 사려는가.
하나님의 나라는 믿음으로 간다네.

비텐베르크 성문을 열어젖히어
교리를 끌어내 무릎 꿇리고
교권을 소환하여 믿음 앞에 세우게나.

비텐베르크 사제들의 에봇 자락에
교만하게 흔들리던 비단술들과
하늘에 닿을 듯 곤두 선 화관은
굶주린 사자에게 쫓기는
사슴뿔처럼
거추장스러운 것.

마른 지팡이와 한 벌 옷으로
광야를 걷던 베드로 되어,
유대 땅 너른 들판 타는 흙 내음
디베랴 바닷가의 푸른 물 향기
한 데 모아 가슴에 담고
그대들이 못 박은 청년 예수가
바로, 주와 그리스도이심을 노래하게나.

마가 다락방의 좁은 문 사이로
성령의 바람이 불의 혀처럼 밀려와
비텐베르크 성문 위로 휘몰아 칠 때,
여리고 무너지듯 비명 소리 내지르던
로마 대성당 뾰족탑이여.

십자가 앞에서 면죄부는 힘을 잃고
신학은 가고 신앙만 남아
믿음으로 소유하는 하나님 나라
오늘도 내일도 영원하리니.

목차

욕망의 나비 칼리마

욕망의 나비 칼리마 _ 18

노랑 블라우스 입은, 바로 그 여대생에게 _ 26

자기 운명을 사랑한다면 그대는 바보 _ 40

저격수가 상징하는 진짜 힘 _ 52

모든 함선의 불을 밝혀라 _ 64

그대들은 무엇을 사랑하는가? _ 72

하나님의 바보 사랑법 살리트 일병 구하기 _ 82

그 이름만으로 충분히 아름답다

청년들의 꿈, 진짜 잘 사는 것 _ 94

청춘 예찬 _ 104

그 이름만으로 충분히 아름답다 _ 112

질문하라, 고로 존재하리니 _ 122

새벽이슬, 그 영롱함 _ 134

새로운 인생 스토리 _ 142

Big Questions 빅 퀘스천

신은 왜 자신의 존재를 똑똑히 드러내 보이지 않는가? _ 150

성경에 부자가 천국에 가는 것을 약대가 바늘구멍에 들어가는 것에 비유했는데 부자는 악인이란 말인가? _ 158

예수님은 왜, 그리스도로 오셔야만 했는가? _ 168

예수님은 왜 십자가에서 내려오지 않으셨을까? _ 174

문화를 움직이는 살로메의 춤

문화를 움직이는 살로메의 춤 _ 186

병든 세상, 병든 이들을 위하여 _ 190

이 시대의 요구, 브리스가 _ 196

개혁만이 세계사적인 답이다 _ 200

문화 예술의 힘자랑 _ 204

스토리의 힘이 문화 예술의 힘이다 _ 208

문화 예술 올바르게 바라보기 아날로그와 디지털의 사이에서 _ 212

문화, 그 세계는 넓고 할 일은 많다 _ 216

깊이 있고 세련된 기독교 출판문화 세우기 모세와 다윗, 누가를 찾아서 _ 220

문화개혁을 위한 하나님의 용사가 필요하다 _ 224

불안한 사회의 문화 기현상, 판타지 _ 228

생명 있는 문화가 이긴다 _ 232

열매 없는 무화과나무, 이 시대의 문화 _ 236

우리는 문화적 정복자인가, 노예인가 _ 240

진정한 힐링 문화 _ 244

있는 자리에서 강대국을 움직이는 힘 _ 248

인생의 노래가 되어야 할 문화개혁 _ 252

우리에겐 비밀이 있다 _ 256

애통함으로부터 오는 힐링 문화 프로젝트 _ 260

복음을 감싸고 돋보이게 할 문화 콘텐츠 _ 264

미래 문화 개혁을 위한 다문화 사회의 이해 _ 268

문화권 개혁, 매력적인 전도제자가 필요하다 _ 272

이 글은 2011년부터 연재된 국방부 월간지 및 문화·예술·체육 관련 매체에
연재했던 글임을 밝혀둔다. (편집자 주)

프롤로그

탐욕이라는 단어에
고상한 색으로 덧칠을 하면
욕망이 튀어나온다.

욕망의 소용돌이, 소유욕.
그 소유욕에 제어장치를 달아준 '무소유'라는 어휘가
대한민국을 관통한 적이 있다.

그 '무소유'는
깊은 산사의 빈 방을 채우는 난의 향기 같은 것이어서
냄새나는 욕망덩어리들을
모조리 정화할 기세였다.

그러나 정작, 그 '무소유'의 아이콘이었던 법정 스님은
죽음을 앞두고 고해성사 같은 말씀을 남겼다.
'말빚을 지고 가노라.'

'말빚'이라는 단어에
쌔 한 색을 입히면 '헛소리'라는
또 하나의 어휘가 만들어진다.

몇 년 동안 모아진 원고들을 모아
내 이름을 걸고
책을 내면서
겸손하게 기도하고
단단히 다짐하는 것이 있다.

그리스도의 날까지
어제를 교훈 삼아
오늘 질문하고
내일을 준비할 나의 사랑하는 후대들에게
적어도
말빚은 지고 가지 말아야겠다는 것.

범람하는 말들의 장터에서
이 책을 선택해줄 고마운 이들을 위하여 기도한다.
나의 간절함에 고개 끄덕여주기를.

더불어, 흩어져 있던 원고들을 모아
한 권의 책으로 생명을 불어넣어준 HIM BOOKS 동지들과
목사로서 반칙 쓰지 않도록
내 이름 부르며 기도하기를 쉬지 않는
하나님의 자존심이자 나의 자긍심, 예수사랑교회 온 가족들에게
사랑과 감사와 존경을 보낸다.

2020년 3월 봄 지은이 김서권

별을 따려고 손을 뻗으면
발밑의 꽃을 잃어버린다

A butterfly
Named Des

A Butterfly Named Desire
욕망의 나비 칼리마

욕망의 나비 칼리마

칼리마라는 나비가 있다.

그 날개를 펼쳤을 때의 찬란함은 가히 형용하기 어려울 만큼 눈부시지만, 일단 날개를 접으면 흉측하기 이를 데 없어, '죽은 잎사귀'라는 별명으로 불린다.

마치 욕망에 따라, 욕망하며 살아가는 사람들의 현란함, 그 뒤편에 숨겨진 목마르고 허기진 공허함, 나아가서는 추악함 같은 것을 은유하는 것 같다.

자연을 통해 알 만한 것을 주신 창조주 하나님께서 작은 나비 날개에 적어 놓은 그분의 독특한 비유법에 나는, 또 한 번 감탄한다.
오늘을 살아가는 사람들의 정신세계는 너 나 할 것 없이 분주하고, 살벌하고 눌려있는 만큼, 눈에 보이는 것, 만지는 것, 들리는 것에 집착하고 욕망한다. 그러다 보니 마음과 영혼은 더욱 쓸쓸해지나 보다.

그래서 어떤 이는 '그래그래, 괜찮으니 욕망하며 살라'고 다독이고, 어떤 이는 '욕망의 발걸음을 멈추어 서보면 다른 것이 보일 것'이라 말한다.
둘 다 맞는 말이다.

그러나 나는 영향력 있는 철학자들이나 종교 지도자들의 다양한 사유의 세계 속에서, 인생의 참된 길을 찾아 헤매고 있을 이들을 생각하면, 애틋한 긍휼이 밀려온다.

나 역시 충분히 욕망하며 살아온 젊은 시대를 거치는 동안, 내 안에 똬리를 틀고 앉아 좌충우돌 내 인생을 끌고 왔던 욕망이라는 이름의 전차는, 멈추고 싶다고 해서 멈춰지는 것이 아니었다. 더욱이 말발 글발 좋은 몽학선생들의 조언은 오히려 갈등만 일으켰다.

다만, 욕망이 낳은 쓴 열매를 이미 맛보았기에, 헛된 욕망으로부터 오는 일탈 속에 살아가는 또 다른 이들을 수용하고 용서하고 이해할 수 있는 그릇은 얻었다.
그러나 나는 이에 만족하지 않는다.
목사로서 내 삶의 존재 이유는, 안개처럼 스러질 현재의 삶 속에서 어떻게 욕망을 거룩한 열정으로 바꿔, 영원하고 아름다운 미래를 준비해 나아갈지……, 그 길을 제시하고 그렇게 살도록 구체적으로 인도하는데 있다고 생각하기 때문이다.

이런 맥락에서, 그 시대를 풍미했던 현대무용가 이사도라 던컨Isadora Duncan의 구애를 거절할 만큼 충분히 냉소적이었던 극작가이자 소설가인, 조지 버나드 쇼George Bernard Shaw의 욕망 철학부터 들어보자.
'인생에는 두 가지 비극이 있는데, 하나는 욕망대로 사는 것, 다른 하나는 욕망대로 살지 못하는 것'이란다.
그래서 뭐 어쩌란 말인가.

그에 비해 프랑스의 시인 폴 발레리Paul Valery가 내린 욕망의 정의는 짜릿하다.
'눈으로 여자를 임신시킬 수 있다면 거리는 임산부로 넘쳐나고, 눈

으로 살인할 수 있다면 거리는 시체로 가득 찰 것이다.'
이런 명언도 동시에 남겼다.
'생각대로 살지 않으면, 어느 날 사는 대로 생각하게 될 것이다.'

생각대로 살라는 말을 욕망대로 살라는 말로 바꾸었다가는 큰일 날 일이다.
그러고 보니 이 또한, 인생의 길을 찾기엔 무지 애매하다. 철학이 초등학문인 이유가 여기에 있다.

작자 미상이지만, 오히려 더 사실적인 이런 말도 있다.
'별을 따려고 손을 뻗으면, 발밑의 꽃을 잃어버린다.'

별이냐, 꽃이냐.

소위, 욕망대로 성공한 사람들은 잔잔하게 향기를 내는 인생의 들꽃을 놓치고 살기에, 화려함 뒤에 숨겨진 칼리마의 죽은 잎사귀로 살아간다.
반면에 저 하늘의 빛나는 별을 단 한 번도 욕망하지 못한 채, 스스로를 가두고 누르며, 발밑의 들꽃만이 이 세상의 모든 것인 양 답답하게 살아가야 한다면, 이 또한 욕망이라는 이름을 제어하기엔 설득력이 부족하다.

그렇다면 이제부터 성경으로 돌아갈 일이다.
성경은 우리를 창조하신 창조주 하나님의 말씀이다.
하나님은 빛나는 별이 우주 공간을 떠도는 암석 덩어리에 불과하다는 것을 우주 탐사 이전에 알고 계신 분이다.
또한 들에 핀 백합화가, 솔로몬이 입었던 화려한 비단 옷보다 아름답지만, 결국 시들고 말라버린다는 것을 이 세상 누구보다 잘 알고 계신 분이다.
왜냐하면 하나님은 모든 것을 지으신 창조주 하나님이니까.
나는 적어도 원숭이의 단백질이 진화하여 내가 되었다는 어리석은 생각은 하고 싶지 않다.
이 땅을 어기적거리며 돌아다니던 도마뱀이 어느 날 문득, 날개를 달고 흉물스런 시조새가 되어 하늘을 날아다니다가, 어여쁜 카나리아가 되었다고 생각하면 끔찍한 생각이 든다.

다소 딴 데로 논리가 빗나간 듯하지만, 진짜 말하고 싶은 것은, 사람을 창조하신 후 기뻐하고 기뻐하신 창조주 하나님께서는, 욕망하며 사는 것에 대한 본질과 그 욕망에 제어기를 달아, 아름답고 찬란한 열정으로 바꿀 수 있는 비밀 이야기를 성경 속에 명백히 밝혀 놓으셨다는 것을 말하고 싶은 것이다.

사람은 원래 욕망할 필요가 없는 존재로 창조되었다.

물고기가 물속에 살면 생명이 있고, 새가 공중을 날면 자유하며, 나무가 땅에 뿌리를 내리면 꽃이 피고 열매를 맺듯, 짐승들과는 달리 하나님의 형상을 따라 영적인 존재로 지음 받은 사람은, 영이신 하나님과 함께 살 때, 이 땅의 모든 것을 누리며 다스리고 충만하게 번성할 수 있었다.

그러나 욕망이라는 이름을 달고 하나님의 존재를 무시하며 하나님보다 높아지려는 교만함, 영적인 것을 무시하는 육신의 욕망을 가지고, 보고 만지고 느끼는 것만으로 이 세상을 살아가라고 우리의 영혼에 불을 지핀 존재가 있었다.

성경은 그 존재를 마귀, 사탄, 귀신이라 적어놓았고, 사람들은 욕망이라 읽는다.

무당들이 귀신들려 작두 타듯, 사람들이 욕망이라는 전차에 올라타면, 가족을 죽여서라도 돈이라는 욕망을 채우려 하고, 권력이라는 욕망의 덫에 걸리면, 어제의 친구를 배신하여 오늘의 비겁한 삶을 마다하지 않는다.

이렇듯 욕망대로 살다가 허무해지면 어느 날 또 하나의 욕망, 욕망으로부터 자유하고 싶은 욕망에 겨워 높은 곳에서 뛰어내려서, '어디, 나 죽은 뒤 너도 이 고통 당해보라'는 복수의 욕망에 불타오르면, 가장 처절하고 슬픈 죽음으로 자신을 내몰아 자살이라는 극단적 선택을 하고 만다.

그런데 진짜 추악한 욕망은 화려한 나비 칼리마처럼, 번듯한 앞쪽 날개로 자신을 포장하고, 뒤로는 남을 해치고 죽이고자 하는 위험한 욕망이다.
그래서 예수님은 이런 욕망대로 욕망하며 사는 종교지도자들과 기득권자들을 향해, '회칠한 무덤'이며, '독사의 자식들'이라고 그들의 숨겨진 정체를 폭로하셨다.
결국 예수님은 욕망하며 사는 사람들의 욕망에 따라 십자가에서 피 흘리며 돌아가셨다.
그들의 허탄하고 비열한 욕망을 이길 힘이 없어서가 아니다. 오늘, 지금 욕망하며 살다가 죄책감에 사로잡힌 우리들, 힘 빠진 우리들, 자신을 파괴시키는 욕망의 본질이 무엇인지도 몰라 방황하는 우리들을 위해, 욕망으로부터 자유로워지는 길을 여시기 위해, 우리의 비극적 욕망을 친히 담당하신 것이었다.

쉽게 말해서 욕망이라는 이름으로 우리의 삶을 파괴시키는 사탄, 그 머리를 밟아버린 만왕의 왕으로, 욕망이 뿌려놓는 원죄 덩어리를 축복덩어리로 바꾼 제사장으로, 그리고 목마르고 허기진 우리의 삶을 영원히 목마르지 않는 생수의 강으로 인도하는 선지자로, 이 땅에 오신 분이 바로 예수 그리스도시다.

예수 그리스도를 영접하라.
그리하면 욕망이라는 전차에 브레이크를 달게 될 것이다.
허탄한 욕망을 거룩한 열정으로 바꾸는 힘이 온다.

손을 뻗어 별도 따고, 발밑의 들꽃 향기도 향유하는 비밀이 여기에 있다.

노랑 블라우스 입은
바로 그 여대생에게

──────── 늦은 밤,

모 방송사의 지식 나눔 콘서트를 우연히 보다가, 강사에게 당돌한 질문을 던졌던 그녀를, 나는 잊을 수 없다.

여대생으로 보이는 노랑 블라우스의 그녀는, 예뻤고 초롱초롱해 보였다.

그 여학생은 손을 번쩍 들고 삶과 사랑에 대해 질문했다.
삶과 용서 그리고 사랑이라는 개념이 피상적으로 귀결된 강사의 어정쩡한 결론에 대해, 전혀 마음에 와 닿지 않으니 부연 설명을 해 달라는 것이었다.
너무 솔직한 그녀의 어조는 그동안 숙연했던 분위기를 다소 흔들어 놓는 듯 했다.
어떤 대답이 나올지 흥미로워서 나는 잠시 주목했다.
'멈추면 비로소 보이는 행복'을 이야기한 그분은 이렇게 되물었다.
"남자 친구 있습니까?"
그녀는 없다고 했고, 질문을 받은 그분은 가서 남자 친구부터 사귀어 보라고 조언했다.
청중은 까르르 웃었고, 그녀는 그래 보겠노라며 자리에 앉았다.

나는 그 여대생이 안쓰러웠다.
굳이 남자친구를 찾아 나서지 않아도, 연애하다가 사랑의 쓴 맛을 보지 않아도, 아니 사랑이 너무 달콤해서 그 총명함과 도전 정신이 자칫 빛을 잃지 않더라도……, 쉽게 말해서, 좌충우돌, 시행착오 하느라 천 번을 안 흔들려도, 충분히 인생의 해답이 있는데……, 오늘날의 청춘들이 행여, 말빚이나 말장난에 놀림을 당할까 봐 가슴이 아프다.

게다가 연애라는 게 참 묘한 것이어서, 20초 만에 필을 받아 사랑에 빠지면 20년의 공덕이 허물어지는 위험성도 있다.

미국의 전쟁 영웅, CIA 국장도 잘못된 사랑에 빠져 한 방에 훅 가지 않았던가.
이런 사랑으로 물의를 일으키면 심한 죄의식 때문에 자신을 용서할 수 없어 시달리다가, 그 누구도 사랑하기 어려운 슬픔에 빠진다.

이럴 때, 가슴에 손을 얹고 '나는 나를 사랑합니다.'라고 주문을 외운다고 해서, 자기 환멸과 패배의식에 사로잡혀 있었던 사람에게 순간, 자기애가 찾아오는 것도 아니고, 더욱이 자신에 대한 자긍심이 회복되는 것도 아니다.

그토록 쉽게, '오는' 사랑, '되는' 사랑이라면, 이 땅에서 일어나는 갖가지 미움과 시기, 질투와 비교심리, 경쟁심리, 자기비하로 인해 급증하고 있는 자살 문제는, 한 순간에 끝날 것이다.

용서도 마찬가지다.
그 강사 스님이 시키는 대로, 가슴에 손을 얹고 내가 살기 위해서 그를 잊을 수 있기를, 용서할 수 있기를 자기 최면 속에서 주문을 외우며, 스스로를 어루만지고 위로해서 될 만큼 쉽게 되는 것이 용서라면, 이 땅에 용서 못해서 밤잠 설치다가 수면제 먹거나, 정신 병원 가거나 하지 않을 것이고, 나아가 끔찍한 범죄 같은 건 일어나지도 않을 것이다.

원망도 핑계도 책임 전가도 불평도 없이 행복만 가득한 세상, 그런 파라다이스가, 과연 긍정적 사고로 자기 가슴을 토닥토닥 다독인다고 해서 가능한 것일까.
'멈추어 서서 바라보면 보이는 행복'이라는 것이, 자기 최면으로부터 오는 것도 아니고, 바쁜 회사 휴가 내서 산으로 들어가 템플스테이 일주일 했다고 오는 것이 더더욱 아니라는 사실은 누구나 알고 있다.

평생을 해진 가사 적삼 걸치시고 심심산골에서 깨끗하게 정진하신 성철스님도 이승을 떠날 땐, '내가 무론 남녀를 속여 무간지옥에 떨어지니 한이 만 갈래나 되어, 내 죄업이 어마어마하게 높은 산, 상상 속의 수미산에 걸쳐있노라'고 고백하셨다.

어디 그뿐인가.
하버드, 예일 대학의 엘리트 출신 비구로서, 한국 불교를 세계화 한 숭산 스님의 제자, 푸른 눈의 꽃미남 현각 스님은, 한국 불자들의 사랑이 너무 큰 나머지 토하고 싶었다고 했다.
독일로 조용히 피신하신 그분은 20달러 주고 산 중고 자전거를 아들만큼 사랑하신단다. C일보 기사 中에서

우리나라 중생들이 갑자기 가엾어지려고 한다.
이것이 종교가 행할 수 있는 사랑의 한계는 아닐까.

인간은 근본적으로 태어나면서부터 '사랑할 수 없는' 존재다.

크리스천 청년들의 마음을 사로잡았던 청년 목회의 대명사, 청년들에게 비전을 가지라고 촉구했던 베스트셀러 작가이자 목사로서, 대형서점의 특별 진열대를 자신의 책으로 가득 채웠던 그분도, 어린 성도를 성희롱했다는 이유로 교회에서 퇴출되었다. 하나님의 사랑이 무시된 자기 사랑은 이래서 위험하다.

따라서 인간을 바라보는 예수님의 진단이 참으로 경외롭고 직설적이다.

아니, 인간뿐 아니라, 소위 하나님을 경외한다고 하는 그 시대의 종교 지도자들을 향한 명쾌한 진단은, 아담과 하와 이래로 원죄를 안고 태어난 우리 인생들의 정체성과 본질을 단순 명확하게 정의하고 있다.

'독사의 자식들아, 회칠한 무덤 같은 자들아, 세상 풍습을 좇고 권세 잡은 자들을 따라다니는, 너희는 본질상 진노의 자녀들이다.'에베소서 2장 1~3절

'너희는 너희 아비 마귀에게서 났으니 욕심쟁이, 거짓말쟁이, 살인자들이구나.' 요한복음 8장 44절

올바른 의사는 진단을 잘하고 처방도 잘해서 사람을 살린다.
영적 의사인 목사도 마찬가지다. 단지 목사와 의사의 다른 점이 있다면, 의사는 상대편 환자의 썩은 부분을 도려내지만, 목사는 자기 자신의 곪은 부분부터 잘라내야 한다는 것이다.
성도들을 향해 정죄의 메스를 들이대기 전에 자신을 향한 올바른 진단부터 해야 된다는 말이다. 그러면 결국 하나님 앞에서 겸손히 무릎 꿇을 수밖에 없다.

나 역시 한때, 소외된 이들을 위한 공동체 운동, 군사역 등, 사회정의를 외치며 의로운 척, 믿어지는 척, 열심히 사랑하는 척하면서, 자기애에 빠져 속으로 은근 교만했다가, 사람이나 환경이 주는 갈등 앞에서 자괴감에 빠져 허우적대기를 반복했었다.

하나님을 믿는다고 하면서도, 사랑도 안 되고 용서도 잘 안 돼서, 산에 가서 철야기도, 밥 먹듯 굶는 금식기도, 달달한 잠의 유혹과 싸우는 새벽기도, 나를 위해서는 안 먹고 안 쓰는 금욕 생활, 사회에서 버려진 이들과 함께 사는 공동체 생활 등등. 예수님의 말씀대로 오 리를 가자 하면 십 리를 가주고, 겉옷을 달라 하면 속옷도 줄 태세로 인생을 살았다.

그런데 문제는, 누군가의 명언대로 인간이 만들어 놓은 수 천 가지 법은 잘 지키고 살겠는데, 하나님이 만들어 놓으신 십계명 지키기는 어려웠다.

예수님처럼 사랑해 보려다가 오히려 상처받고, 용서해보려고 몸부림치다가 더 아팠다.
나도 아파봤는데, 너도 당연히 아플 것이다.

나도 흔들려 봤는데, 너도 천 번은 흔들려야 될 것이다.
이 말은 잘 분석해 보면 하나 마나 한 말이다.
아프고 흔들리는 청춘은 안 아픈 길, 안 흔들려도 되는 길을 애타게 찾고 있기에, 멘토가 있다는 곳에, 힐링이 있다는 곳에, 토크가 있는 곳에 달려가는 것이 아니겠는가.
노랑 블라우스의 그 여대생처럼 똑똑하지만, 아직 해답은 없는 것이 청춘이니까.

그래서 청년들에겐 시간을 더 살아낸 어른들이 필요한 것이다.
율법으로 짓누르고 정죄하고 잔소리해대는 어른이 아니라, 자신의 인생 문제가 근본적으로 어디서 왔으며, 그 문제의 근원적 해결책은 무엇인지 정확히 아는 어른을 우리는 멘토라 부른다.

멘토 흉내만 내다 이 세상 떠나가면 말빚을 잔뜩 지고 가는 것이다. 그래서 진정한 멘토는 삶과 사랑과 용서에 대해서 확실한 정의를 내려줄 수 있어야 한다.
어물쩍 넘기거나, 화려한 수사로 수식어를 달아, 어렵고 복잡하게 설명해서 청춘들을 헷갈리게 해서는 안 된다. 게다가 나도 아팠으니 너도 아파보라고 말하면 잔인한 것이다.

성경에는 준수하고 아름다운 청년, 요셉이 나온다.
그의 환경은 불행했다. 세 명의 계모와 열 명의 배다른 형들이 요셉을 조롱하고 시기하고 괴롭히고 죽이려다가 결국 애굽의 노예로 팔아버렸다.

어미 없는 어린 동생 베냐민을 남겨 두고 쇠사슬에 매인 채, 멀고 먼 이방 땅을 향해 걸었던 그 길은 얼마나 목마르고 고독하고 두려웠을지 생각해보라.

그는 노예 생활 중, 돈 많고 개념 없는 여자의 집착 때문에 죄 없이 감옥에 갇히는 신세가 되었지만, 하나님이 주신 지혜로, 애굽은 물론, 이스라엘까지 기근으로 죽어갈 위기에서 구해낸 끝에 국무총리가 되었다.

고향에서 곡식을 사러 온 형들, 머리를 조아리고 벌벌 떠는 형들을 향해 그는 말한다.
'이리 가까이 오십시오, 내가 바로 요셉입니다. 당신들이 이곳에 나를 팔았으나 걱정하지도 말고 자책하지도 마십시오. 형님들이 나를 판 것이 아니라, 하나님이 나를 여기 앞서 보내셔서, 큰 구원으로 형님들의 자손들까지 생명을 구하시려 한 것입니다. 나를 이리로 보내신 분은 하나님이십니다.' 창세기 45장 3~5절

요셉은 동생 베냐민의 목을 끌어안고 울고 나서, 형들 하나하나 입을 맞춘 후, 부둥켜안고 울었다.

이것이 진정한 용서다.

푸른 지구 하나 띄우시고 한 손으로 돌리시는 히스토리His story의 주인공, 창조주 하나님의 계획 속에서 자신의 삶이 소유되고 견인되어 가고 있음을 인정하는 사람만이 누릴 수 있는 용서의 모범이다.

그렇다면 요셉처럼 성공도 못하고 여전히 상처 속에 울고 있는 우리 중생들은 어쩌란 말인가.
세계사가 인정하는 최고의 지성이자, 영적인 사도였던 바울은 말한다. '내가 용서한 것은 그리스도 앞에서 여러분을 위하여 한 것입니다. 그것은 우리가 사탄에게 이용당하지 않게 하려는 것입니다. 우리는 사탄의 책략을 알고 있습니다.' 고린도후서 2장 10~11절
점쟁이나 무당들만 귀신들려 점치고 작두 타는 것이 아니라, 실제

로 우리의 삶을 훔치고 도적질하는 사탄이란 존재는, 우리를 운명이라는 슬픈 시나리오로 끌고 다니다가 영원한 지옥에 떨어뜨린다. 이 운명과 업보와 사주팔자는 머리 깎고 산으로 들어간다고 해서 해결되는 것이 아니고, 자기 운명도 해결하지 못해 무당 팔자로 사는 무속인이 살풀이한다고 풀어지는 것은 더더욱 아니며, 베개 밑에 부적 넣고 잔다고 해서 빠져나올 수 있는 것이 아니다.

수천만 원짜리 금 테두리 붙인 뻘건 부적 써가지고 지갑에 소중히 넣고 다녀도 감옥 가는 재벌들을 보면 이해될 것이다.

더욱이나 자신의 가슴을 안고 위로하는 명상으로 되는 것이 아니다.

오직 사탄의 머리를 밟아버리신 메시아, 구약의 성취자로 오셔서, 지금 성령으로 역사하시는 예수 그리스도, 그 이름을 믿는 믿음으로 명령하고 선포해서 내어 쫓아야 한다. 이때, 비로소 삶의 한 가운데 하나님의 나라가 도래하고, 가슴 속에 천국이 임한다. 창세기 3장 15절, 요한일서 3장 8절

개미나 원숭이나 새들과 달리, 하나님의 형상을 따라 지음 받아 창조된 인간은 하나님과 함께 있어야 행복하다는 것이 삶의 본질이다.

이렇듯 삶의 기본을 놓친 채, 운명에 시달리는 우리의 삶에 자유와 해방을 주기 위해서 죽음보다 더 큰 사랑으로 이 땅에 오신 창조주 하나님이, 이천 년 전에 예수 그리스도로 이 땅에 오셔서, 우리 대신 침 뱉음을 당하시고 주먹으로 뺨을 맞으시고 옷을 벗겨 조롱당하시고 창과 대못으로 찔려 십자가에서 피 흘려 돌아가신 대속의 죽음을 우리는 사랑이라 말한다.

이 사랑을 받은 자로서 자신을 귀히 여기고, 또한 사랑의 빚진 자로서 이웃을 사랑하는 것은, 크게 힘써 강조할 필요도 없고 자랑할 것도 없고 어려울 것도 없는……, 당연한 귀결이 아니겠는가.

사랑하고 싶은 사람을 사랑하는 것은 즐거운 일이고, 사랑하는 사람을 사랑하는 것은 쉬운 일이지만, 도저히 사랑할 수 없는 사람을 사랑하는 것은 괴로운 일이다. 희생과 양보와 관용이 따라야 하기 때문이다.

따라서 용서와 사랑의 모범이 되어주신 예수 그리스도, 그 이름을 믿고 영접하여, 하나님의 자녀 된 신분과 권세를 누리면, 그 사랑을 힘입어, 나도 사랑하고 너도 사랑하면서, 하나님의 말씀 따라 사는 것이 행복한 삶의 본질이다.

문득 헤르만 헤세가 생각난다.

'그대가 무엇을 사랑하는지 말해주시오, 그러면 그대가 누구인지를 알려 주겠소.'

끝으로, 노랑 블라우스의 그 여대생이 이 글을 읽을 수 있기를 소망한다.

자기운명을 사랑한다면
그대는 바보

──────────────── '아모르 파티' Amor Fati

'네 운명을 사랑하라'

'봉주르' 말고는 그다지 아는 게 없는 불어 실력이지만, 이 말은 워낙 유명해서 알고 있다.

목사의 아들로 태어나서 신학을 하다가 중도 포기하고, 신을 향하여 감히 사망 선고를 내린 후, 스스로는 절대 고독과 절대 절망과 평생 두통 속에서 정신 병원의 바닥을 기어 다니다가, 젊은 날에 죽음을 맞이한 비운의 주인공, 독일의 철학자이자 시인 니체Friedrich Wilhelm Nietzsche의 말이다.

자칭 독서깨나 한다고 으스대기 위해서 읽기 시작한 니체의 저서, 《차라투스트라는 이렇게 말했다》는 도무지 읽히지도 않고, 몇 차례를 읽어도 무슨 말인지 얼른 마음에 와닿지 않아서 어리둥절했던 시절이 있었다.

그때 이후로 깨달은 게 있다면, 복잡한 철학책은 생각을 복잡하게 하고, 그 영향을 받은 나 자신 또한 마음이 무지 복잡하게 얽혀서 삶이 나도 모르게 복잡해진다는 것이다.

단순한 것을 복잡하게 말하는 지식인들에게서 매력을 느끼지 못하게 된 게 그때쯤인 것 같다. 아울러 책 속에 길이 있다는 말에 회의가 든 것도 그 시점이다.

어쨌든 운명이라는 이름으로 가장 비극적인 삶을 살다 간 사람이 그 운명을 사랑하라니 대단한 모순이다.

다시 말하면, 이렇다.

"네 운명은 니체의 운명 그대로야. 넌 일단 연애에 실패해서 마음에 상처를 안고 고독하게 살아갈 거고, 일 년 중 50일 빼고는 극심한 두통이 죽을 때까지 널 괴롭힐걸.

이렇게 저렇게 잘 나가는 사람들도 친구로 두지만, 어느 날 인간관계는 다 무너지고 넌, 너무 절망한 나머지 돌아버리지. 그리고는 결국 정신 병원에서 죽어갈 거야…….

게다가 네가 쓴 책은 네 누이가 판권을 챙기게 될 거고, 네 생각과는 달리, 넌 어느 날 천하의 악당 히틀러의 고무 찬양자라는 비난을 뒤집어쓰게 될 거야, 말하자면 네 운명은 죽어서도 억울해…….그래도 네 운명이니 어쩌겠어, 네 운명을 사랑하면서 살아봐."라고 앞날이 창창한 청년에게 누군가 말한다면, 그 사람은 스승도, 멘토도 철학자도 아니라는 말이다.

게다가, "운명대로 살다 보면, 어느 날 강남스타일 싸이처럼 한 방에 뜨는 즐거움이 있지, 운명의 매력은 반전에 있어."라고 속삭인다면, 이런 부류의 사람들은 거의 그대 인생의 적신호에 해당된다. 반전이라는 말이 멋지게 들릴지 모르지만, 사실은 요행이라는 말의 고급 버전일 뿐이니까.

따라서 이런 말로 호리는 어른들을 청년들은 일단 경계해야 한다. 왜냐하면, 반전이 오든 말든 그 말을 뱉은 사람은 일단 책임질 일이 없고, 그 말을 믿고 인생의 반전을 기대한 그대들만 시쳇말로 새 되기 때문이다.

반전 없는 운명 앞에서 투덜대거나, 어느 날 도깨비방망이처럼 찾아온 반전에 놀라 허둥대다가 요행이 재앙을 불러올 테니까 말이다. 로또 맞고 인생 망조 드는 것처럼.
망할 운명일망정 로또 맞는 반전이라도 있었으면 좋겠다고?
그렇게 생각하는 이가 있다면 꼭 개인적으로 만나고 싶다.
준비 없이는 의미 있는 반전도 없다는 게 인생 선배의 진실한 조언이니까.

사람들은 다가올 운명에 대해 궁금하거나, 두렵거나, 막연한 기대를 한다.
운명이라는 화두를 꺼내 들고 미래가 궁금하면 점쟁이를 찾아가든지, 연월일시 따져가며 토정비결을 보든지, 두려우면 무당 불러서 억대 굿이라도 할 것이다.
또는 동해의 일출이라도 바라보며 각자 부르는 막연한 신에게 부탁할 것이다.
저 바다 위, 떠오르는 태양처럼 찬란하기를…….

미래에 펼쳐질 운명의 스토리가 궁금한가?
그대는 둘 중 하나일 것이다. 운명이라는 괴물과 맞장 뜨는 비장함으로 엄청난 노력과 내공을 쌓아왔거나, 아니면……, 슬픈 운명의 스토리를 기쁨의 스토리로 능히 바꾸시는 하나님을 인생의 주인으로 믿고 영접한 기도의 사람일 터이다.

그대가 만일 전자에 속한다면, 나는 목사로서 깊이 존경한다.
나는 이런 이들에게서 인생 살맛을 느끼기 때문이다. 힘이 넘치는 이들에게서는 삶의 에너지가 넘쳐흐른다.

밀림을 만나면 아름드리나무들을 베어 넘어뜨리고, 사막을 만나면 우물을 파헤치고, 먼지만 풀풀 날리는 황야에는 나무를 심는 힘이야말로 청춘의 에너지가 아니겠는가.

힘없는 나무토막은 물살 따라 흐르고, 힘 있는 물고기는 물살을 거슬러 오른다.

오래전, '총각네 야채가게' 이야기를 신문에서 읽고는 깊이 감동을 받은 적이 있다.

서울 강남에서 먹고살만했던 유년 시절, 아버지의 갑작스런 죽음으로 가난이라는 불행이 도적처럼 찾아와, 문제아, 고독한 청년 백수였던 '이영석'은 가락시장의 괴물로 통했단다.

주먹 센 놈, 목소리 큰 놈이 이긴다는 도매시장 바닥에서, 형편없는 채소에 대해 환불을 요구하는 그에게, 소금 뿌리며 욕설을 해대는 아주머니 앞에서 남자의 '거시기'까지 들이대며 돈을 받아낸 이후 붙여진 별명이라는 대목에서는 '와아' 탄성이 절로 나왔다.

나 역시, 사업하던 청년 시절에 '질긴 놈'이라는 말은 들어봤지만, 그는 한 수 위였다.

게다가 힘들게 번 돈을 '남자답게' 즐거이 나눠 쓰다가 늘 빈 주머니 운명이었던 나와는 달리, 그는 악착같이 안 쓰고 모아서 6년 만에 18평, 자기 가게를 열었단다.

2시간 먼저 출근, 2시간 늦게 퇴근, 두 배 더 일하라는 청년 사업가의 운명 타개책은 앞으로 청년이 되고 어른이 되어 이 나라를 짊어질 청소년들에겐 무지 부담스러울 터이다.

일 년이면 거의 석 달을 방학으로 보내며, 직장에서 밀려날 염려 없는 철가방, 중·고등학교 교사가 인생 살아갈 동안 희망 사항 1순위이고, 2순위가 연예인이라는데, 시장 바닥에서 아랫도리까지 벗어 던지고 전사처럼 운명과 맞서 싸운 청년 선배가 '나처럼 해보라'고 하면 과연 몇이나 감동받을까.
총각이 되기도 전에 지레 겁먹고 운명 줄을 놓아 버릴 응석받이 청소년이 나오지 않으면 다행이다.

그래도 총각네 야채가게 사장님의 운명 맞장 스토리는 힘차고 신선하다.
다만, 그토록 악착같이 번 돈과 늘어가는 지점이 얼마나 그의 인생에 행복을 가져다줄지는, 조용히 만나서 진지하게 이야기해 보고 싶은 대목이다.
그런데 이런 운명도 있다.
초등학교부터 일이등을 놓치지 않은 수재, 잘생긴 얼굴, 180센티미터의 훤칠한 키, 쾌활한 성격, 사업 잘하는 아버지를 둔 건강한 청년, 국내 굴지의 명문대 경제학과를 졸업한 증권맨, 부러울 것 없는 운명의 그 청년은, 외국에서 경영학 석사를 이수한 동료의 연봉이 더 높은 것을 알고 학벌 스트레스 속에서 무리하게 공부와 일과 회식을

병행하다가 어느 날 아침, 가족 소풍을 앞두고 샤워 도중 심장마비로 숨졌다. c일보 기사 中에서

아뿔싸, 아까워라.
이런 것을 운명의 장난이라고 말한다.

거기다가 더 황당한 운명도 있다.
어렵게 한국에 온 조선족 청년이, 열심히 일해서 아파트도 사고 자동차도 사고 장가도 가고 아이도 낳아서, 알콩달콩 잘 살던 어느 날, 아내 심부름으로 자동차 안에 있는 아이 기저귀 가지러 가다가 마침, 결혼 후 우울증에 빠진 한 여인이 친정집 바로 위 고층에서 몸을 날렸는데, 하필 추락하는 그 여자와 현관에서 부딪혀 그 자리에서 함께 죽었다.

이런 운명도 사랑하란 말이지?
바보.

하나님을 거부하고 저주하며 죽어 간 니체, 바보의 말에 속지 말라.
내 친구 중에는 이런 운명도 있다.

욕망의 나비 칼리마

동네 조폭으로 힘 깨나 쓰고 다니던 그는 어느 날, 예수님 믿고 운명부터 바꿔보라는 전도자를 향해 근육질 팔을 위협적으로 들어올리며, '내 주먹을 믿어라, 예수쟁이들아.'라고 큰 소리쳐 쫓아 보냈다. 그리고는 어느 날, 민물고기 횟집 하는 형님을 위해 강물 속에 배터리 터뜨려 물고기 잡다가, 튼튼한 오른팔이 물고기 대신 날아가 버렸다.

이후로 그는 하나님 말씀 앞에서 겸손히 무릎 꿇는 목사가 되었다. 하나님을 믿는다고 하는 목사로서 나 자신도, 운명이라는 시나리오를 미리 정해 놓고 절대 권력을 휘두르며 나를 노예처럼 부리는 강자가 하나님이라고 오해한 적이 있었다.

그래서 하나님이 무서웠다. 행여나 벌줄까 봐 두려웠고, 행운을 거두어갈까 봐 불안했었다. 그러다가 어느 날 나도 니체처럼 하나님을 향해 삿대질했다.

"하나님은 사랑이라며 왜 이리 나에게 모질게 하십니까, 내가 뭘 잘못했다고 허구한 날 회개하라는 겁니까, 운명이라는 대본을 다 써놓으셨다면, 이렇게 힘들게 착하게 열심히 몸부림치며 금식하고 기도

하며 살 필요가 뭐 있습니까, 제기랄, 맘대로 하세요."

그러다가 어느 날 알았다.
운명이라는 슬픈 시나리오는 하나님이 쓰신 게 아니라, 사실적으로 '내 삶을 훔치고 도적질하여 멸망으로 끌고 가는' 귀신의 우두머리, 마귀, 사탄의 속임수였다는 것을. 요한복음 10장 10절
자기 운명도 못 고쳐서, 아슬아슬 작두 타는 무당, 점쟁이만 귀신 들려 휘둘리는 게 아니라는 것을.
거짓말쟁이, 살인자, 욕심쟁이, 하나님의 대적자 사탄의 머리를 밟아버리는 위대한 이름이 바로, 예수 그리스도, 창조주 하나님이심을. 요한일서 3장 8절
그 어떤 인간의 노력으로도 빠져나올 수 없는 운명에서 자유 하는 방법이 곧, 하나님 만나는 길이시며, 생명이시며 진리이신 예수 그리스도를 내 인생의 주인으로, 내 영혼의 구원자로 영접하는 것임을 나는 알았다. 요한복음 4장 16절, 1장 12절

하마터면, 나 또한……, 하나님이 믿어지는 척, 사랑이 많은 척, 은혜가 넘치는 척……, 앞으로는 넥타이 매고 폼 잡으면서, 뒤로는 자기 야망, 욕심, 동기 따라 바벨탑만 높이 쌓는 위선자 목사로 살다

가, 생명적 관계의 제자 한 명 없이, 죽는 날까지 법정 싸움하면서 열 받아 죽어가든지, 아니면 자기도 제대로 못 지킬 율법만 강조하다가 거룩한 척, 평생 재미없이 살다가 슬피 울면서 죽어가는 비운의 목사일 뻔했다.

마귀는 무당도 속이고 뭇사람도 속이지만 목사는 더 교활하게 속이기 때문이다. 광명한 천사로 위장하고서. 고린도후서 11장 14절

저격수가 상징하는
진짜 힘

──────────────── 〈에너미 앳 더 게이트 Enemy at the Gate〉

라는 영화를 본 적이 있다. 제2차 세계대전 당시 독일과 러시아의 최고 격전지 스탈린그라드, 그 처참한 전쟁 상황 속에 등장하는 고독한 스나이퍼 바실리는 실제로 독일군 400명을 저격했던 실존 인물이었다. 그의 침착함과 지구력, 그리고 명중률은 가히 환상적이다.

적의 간담을 서늘케 하는 저격수의 총알은, 적진을 심리적으로 교란시키고 공포를 조성하여 전선의 기선을 제압할 뿐 아니라, 엄청나게 전쟁 비용을 절감하는 효과가 있다고 한다.
총알이 빗발친다는 말 그대로, 동시다발 사격이 아닌 목표물을 적확確하게 조준하여 완벽하게 파괴시킴으로써 얻는 결과이다. 여럿이 힘을 합쳤을 때도 그 힘의 위력은 크지만, 잘 준비된 한 사람의 힘으로 많은 사람을 살려낼 수 있다는 것에 훌륭한 저격수의 매력이 있다.

조급해하거나 흥분하지 않는 무서운 침착함, 스치는 바람결에서 총알이 나갈 방향을 읽고, 햇빛과 공기의 밀도를 피부로 느끼는 민감함, 멀리 보되 확실히 감지하는 독수리의 강렬한 눈빛, 혹독한 환경을 이겨내는 질긴 승부욕과 강철 같은 체력. 이러한 기본 소양의 터 위에 훈련으로 다져진 스나이퍼는 실전의 꽃이라 할 수 있다.

영향력 있는 한 사람의 힘이 무리를 압도할 수 있다는 교훈을 그들에게서 배운다.
반면에 힘센 한 사람의 어리석음이 많은 사람들을 불행의 늪으로 끌고 갈 수 있는 위험성 또한 간과할 수 없다.

독일을 압도한 한 사람, 히틀러의 힘이 유대인 팔백만을 가스실의 연기로 사라지게 하고 수많은 젊은이들을 얼어붙은 땅, 러시아에서 배고픔과 추위로 죽어가게 함으로써, 최악의 스토리를 역사에 남겼다.

이처럼 이 세상에 존재하는 힘의 논리라고 하는 것은 완전하지도 완벽하지도 못해서, 한쪽이 웃으면 다른 한쪽이 울고, 한쪽이 자유 하면 다른 한쪽은 눌린다.

군중의 힘이 되었건, 한 사람의 막강한 힘이 되었건, 사람이 갖는 힘의 결과가 우울할 수밖에 없는 이유가 여기에 있다.
나는 살고 너는 죽으라고 한다면 잔인한 것이고, 너는 살고 나는 죽는 것, 이 또한 훌륭하기는 하지만 여전히 공평하지도 완벽하지도 않다.

나도 살고 너도 살려내야만 진짜 힘이다.

진짜 힘을 가진 한 사람, 그 한 사람으로 인해 자신은 물론, 가문과 민족과 전 세계를 살린 완벽한 모델이 성경에 있다.

하나님의 최고 관심이 머물렀던 요셉. 그가 바로 그 힘의 주인공이다.

칠 년 종살이를 하루처럼 해내어 아내로 맞이할 만큼 야곱이 사랑한 여인, 라헬의 몸에서 열한 번째로 태어난 아들, 요셉. 그는 열 명의 배다른 형들과는 달리, 태생부터 아버지의 총애를 한 몸에 받았다.

게다가 열조의 하나님, 아브라함의 하나님, 이삭의 하나님께서 그의 가문에 베푸신 근원적인 축복, 일 년 농사지어 백 년 먹을 소출을 내는 백 년의 응답, 척박한 팔레스타인 땅에서 가는 곳마다 샘물이 솟아나는 샘의 축복, 아버지 야곱이 벧엘에서 받은 약속의 응답으로 가문이 받아온 그 엄청난 축복의 비밀을 듣고, 믿고, 알고, 자란 그는 배다른 형들을 압도할 만큼 원대한 꿈을 꾸었다.

해와 달과 별이 그에게 절하는 꿈, 형들의 볏단이 절하는 꿈을 가슴에 품은 소년으로 성장했다.

이런 그를 시기하고 미워한 그의 형들은 급기야 살인 음모를 모의했으나 형, 유다의 마음을 움직이신 하나님의 은혜로 절체절명의 순간을 넘어 애굽의 노예로 팔려가기에 이른다.

애굽의 왕을 호위하는 친위대장 보디발은 노예가 된 청년 요셉이 '여호와께서 함께하심으로 그의 매사에 형통케 하심'을 보았다고 성경은 밝히 적고 있다.

요셉을 신임한 그는 자신의 아내를 제외한 자기 집의 모든 소유를 다스릴 수 있는 힘을 위임하기에 이른다. 이때부터 하나님께서는 '요셉 한 사람을 위하여' 보디발의 집과 밭에까지 복을 주어 만사가 형통하게 하였다. 창세기 39장 5절

하나님이 함께하는 힘.
이 힘을 일컬어 '임마누엘'이라고 한다. 임마누엘Immanuel이라 함은 '하나님과 함께한다'는 뜻이다.

물고기가 물속에 살아야 생명이 있고, 새가 공중을 날아야 자유 하며, 나무가 땅에 뿌리를 내려야 꽃이 피고 열매를 맺듯이, 하나님의 형상과 모양을 따라 영적인 존재로 지음 받은 인간은, 다른 피조물과 달리 하나님과 함께 살아야 힘이 있고 행복하다는 것이 진리이자, 임마누엘의 비밀이다.

진리는 이토록 쉽고 단순하며 명쾌하고 시원하다.

짐승과 사람은 생존 본능이라는 공통분모를 가짐과 동시에, 자신의 정체성이나 삶의 가치, 진리에 대해 고민하느냐, 고민하지 않느냐로 구분될 수 있다.
영적인 가치나 정신적인 의미에 대해 고뇌하지 않고, 육신 적이고 현실적인 문제에만 묶인 채, 백팔 번뇌 속에서 고통의 바다를 헤매는 이들을 가리켜, 짐승이란 말에서 유래된 단어, 즉 '중생'이라 부르는 부처님의 철학은, 이렇듯 심오한 의미를 담고 있다.
꿈을 주신 하나님께서 그 꿈 또한 이루어 가실 것을 믿는 믿음이 요셉의 힘이었다.
늙은 아버지와 어머니를 잃은 어린 동생 베냐민을 두고 사슬에 매여 노예로 팔려가는 사막 길을 걸으면서도, 그는 결코 하나님의 존재나 그분이 하시는 일에 대하여 의심하지 않았다.

어릴 적 어머니와 아버지의 무릎을 베고 누워서 들은 할아버지 할머니, 그의 조상들이 누렸던 살아계신 하나님의 은혜와 증거는, 비참한 현실 속에서도 미래를 두려워하지 않는 강력한 힘이 되었다.

꿈꾸는 자는 현실에 걸려 넘어지지 않는다.

해와 달과 별이 절하고 열한 볏단이 자기 앞에 무릎 꿇는 엄청난 비전.
믿지 않는 자에게는 허풍이고, 믿는 자에게는 창조주 하나님의 경륜 안에서 하나님이 베푸시는 은혜이자, 기적이다.

요셉이 소유한 임마누엘의 힘은 꿈이 제시하는 목표를 향하여 잘 훈련된 저격수에 못지않은 지구력과 집중력을 갖는다.

현실과 상황에 흔들리지 않는 힘.
이러한 힘을 소유한 사람은 멋있다.

어마어마한 권력과 부를 지닌 보디발의 집에서 그는 유학비 한 푼 안 들이고, 애굽의 문화, 군사, 경제, 돈의 흐름을 공부했다.
그러던 어느 날, 용모가 수려하고 단정한 청년, 요셉에게 마음을 빼앗긴 보디발의 아내는, 그를 침실로 유혹하지만, 실패로 끝나자 상처 입은 자존심에 대한 복수로 그를 무고히 감옥에 집어넣는다.

그럼에도 요셉은 자신의 충절을 외면한 보디발을 원망하기는커녕, 감옥에서도 역시 형통한 사람이 되어, 애굽 왕의 곁에서 술과 떡을

관장하는 최고의 두 비서실장을 만나게 된다. 그들을 돌보며 특별한 관계를 맺음으로써 애굽의 정치 상황을 꿰뚫는 지식을 얻는다. 이를 지켜보시던 하나님은 두 비서실장을 꿈으로 시달리게 하는데 다름 아닌, 한 사람은 사면되어 복직되는 꿈을, 다른 한 사람은 형장의 이슬로 사라지는 꿈을 꾸게 하여 요셉으로 하여금 명쾌한 해몽을 하게 하신다.

이후, 요셉의 나이 서른 살이 되어 애굽의 법에 따라 공직자가 될 수 있는 바로 그 나이가 되던, 딱 그 때에, 잠 못 이루던 바로 왕 또한 기이한 꿈을 꾸게 된다.
아름답고 살찐 일곱 암소가 나일강에서 올라와 풀을 먹는데 흉악하고 파리한 다른 일곱 암소가 살찐 일곱 소를 잡아먹는 꿈, 다시 잠이 들어 꿈을 꾸니 세약하고 동풍에 마른 일곱 이삭이 충실한 일곱 이삭을 삼켜버리는 꿈이었다.

찝찝한 꿈을 꾼 바로가 애굽의 마술사와 꿈 해몽가, 박사들을 모두 불러 해석하라 했지만, 그 누구도 그 꿈을 시원히 풀지 못했다.

그때, 술 맡은 비서실장이 이년 전, 자신의 꿈을 정확히 해석해 준 감옥 안의 요셉이 생각났다.
즉시 요셉의 수염을 깎고 새 옷으로 갈아입힌 후 바로 왕 앞에 세웠다.
그때 요셉의 고백은 이러했다.
'이 꿈의 해석은 내게 있는 것이 아니라, 하나님이 바로에게 평안한 대답을 하실 것입니다.' 창세기 41장 16절

칠 년 풍년으로 칠 년 흉작을 대비하는 요셉의 지혜는 바로 하나님이 주신 진짜 힘이었다.

그는 바로왕의 버금 수레를 타는 최고의 권력을 누렸을 뿐 아니라, 온 세상이 그로 인하여 하나님의 살아계심과 그가 누리는 축복을 칭송하였다.
'이와 같이 하나님의 신에 감동된 사람을 우리가 어찌 얻으리요……
하나님이 이 모든 것을 그대에게 보이셨으니 이와 같이 명철하고 지혜 있는 자가 없도다.' 창세기 41장 38~39절

요셉의 힘은, 절망 속에서도 찬란한 소망으로 자신을 살리고, 다가올 재앙 속에서 많은 사람들을 살려내는 진짜 힘, 하나님께로부터 온 힘이었다.

자신을 죽이려 하고 노예로 팔아버린 배다른 형들을 용서할 수 있었던 힘은, 스스로를 다스려 자신의 부족함을 깨닫는 수행이나 비움에서 오는 것이 아니라, 살아계신 하나님이 운행하시는 역사 속에서 자신을 통해 하나님의 계획이 성취되고 있음을 믿고 체험하는 힘으로부터 온다.
원망과 분노와 재앙으로 점철된 자신의 운명을 능히 뛰어넘는 구원의 힘.

십자가에서 자신을 죽이되 그 죽음을 이기고 다시 살아나신 부활의 주, 예수 그리스도, 우리의 인생을 살인 충동과 미움과 원망과 분노로 끌고 가서 행복과 기쁨을 훔치고 도적질하는 사탄, 마귀, 악령의 머리를 밟아버리신 만왕의 왕, 예수 그리스도.
성공한 자들의 영혼 속에 들어가 입신하고 빙의하고 돌아버리게 하여 마약으로, 자살로 끌고 가는 눈에 보이지 않는 존재, 평생 가난에 찌들고 질병에 시달리는 무기력 속에서 원망하고 불평하다가 팔자소관 탓하며 비참히 죽게 만드는 존재, 무론 남녀를 속여 무간지옥에 떨어뜨리는 사람들의 적, 그 원수를 강력하게 제압해버린 오직 한 분.

이천 년 전에 유대 땅, 말구유에 겸손하게 오셔서 모진 멸시와 배신과 죽음을 이기신 오직 한 사람, 오직 하나이신 하나님, 우리의 구원자, 우주 공간에 푸른 지구 띄우시고 한 치의 오차도 없이 한 손으로 돌리시는 창조주.
그 한 분에게서 나오는 힘과 사랑을 소유할 때, 우리는 비로소 용서도 하고 수용도 하고 사랑도 하고 승리도 한다.

역사는 영어로 히스토리History이고 그의 스토리His story다.
이는 하나님의 스토리God's story다.

역사를 B.C와 A.D로 가르신 분, 창조주 하나님, 예수 그리스도를 높이고 그와 함께 동행 할 때만, 나도 살고 너도 살리는 진짜 힘이 온다.

모든 함선의 불을 밝혀라!

———————— 1944년 6월 20일 밤.

필리핀 군도의 칠흑 같은 바다 위, 이판사판 달려드는 일본 제1기동 함대의 항공모함과 유조선을 격추시키고 480km를 돌아 귀환하던 미 58기동 타격대.
대부분의 조종사들은 부상을 입은 채 피로에 지쳐있었고, 연료마저 바닥이 나서, 짙은 어둠이 내려앉은 태평양으로 곤두박질칠 절체절명의 위기에 처해 있었다.
적의 공격을 막기 위해 아군의 전함은 소등 상태라 검은 바다는 파도만 높았고, 무사 귀환은 불가능한 상태였다.

그러나 그들의 생각과는 달리, 그들 앞에 펼쳐진 바다 위엔 찬란하고 휘황한 환희의 불꽃이 마치 목마른 지옥의 오아시스처럼 아군의 전함들을 밝히고 있었다.

그것은 마크 미쳐Marc Andrew Mitscher 제독의 명령, 그 유명한 결단의 불빛이었다.

"Turn on the lights!"
"모든 함선의 불을 밝혀라!"

생명 걸고 싸운 부하의 안전한 착륙을 보장하기 위해, 적의 표적이 되는 위험을 감수한 제독의 용기는, 태평양 전쟁사는 물론, 오늘날까지도 덕을 갖춘 용장과 지장의 모범이 되고 있다.

그 날을 추억하는 한 조종사의 고백은 이랬다.
"우리 군함들은 찬란하고 분명하고 아름다웠다."

생명으로 인도하는 빛은 이토록 감격하기에 충분한 아름다움이 있다.

사실을 꿰뚫어 보는 지혜와 어려운 현실을 정면 돌파하는 용기, 그리고 인자와 자비로 귀결되는 사랑.
이 모두를 갖춘 한 사람의 제독은 조국의 수많은 청년들을 살렸다.

겁쟁이는 잔인하지만, 용기 있는 자는 생명을 사랑한다.

대통령이 성경에 손을 얹고 국군 최고 통수권자가 되는 미국은, 죽음의 하늘에서 귀환하는 조종사들을 위해 목숨 걸고 빛으로 활주로를 내준다.
그러나 한 인간을 신으로 우상화하는 일본은, 꽃 같은 젊은이들이 천황의 이름으로 바람의 아들이 되어 폭탄과 함께 갈가리 찢겨 나가는 가미카제 특공대를 부추기며 찬양한다.
그래서 우상은 무서운 거다.

우상 뒤에는 두려움이 있고 두려움 뒤에는 형벌이 따른다.
형벌은 흑암과 혼돈과 공허, 그 자체다.
우상이란 돌에게 빌고, 나무에게 빌고, 삶은 돼지머리나 무명실 감은 마른 명태에게 비는 것만을 의미하지 않는다.
더불어 귀신 들려 작두 타는 무당과 점쟁이들이 휘갈겨 써 준 시뻘건 부적에 인생 여정을 배팅하는, 그것만이 다는 아니다.

사람이 정으로 쪼아 만든 돌부처에게 수천 번 절하며 염주를 돌리고, 한류 예수님, 성모님 만들어 치마저고리 입혀놓고 촛불 밝히며 묵주를 굴리고, 목사 한 사람의 야망을 충족시키기 위해 뻘건 벽돌이나 번쩍이는 유리로 바벨탑처럼 쌓아 올린 예배당 안에, 마치 하나님이 좌정하시기라도 한 것처럼 울부짖는 것 또한 심각한 종교 우상이다.

그런데 진짜 심각한 우상은, 사람들의 내면에 욕심과 거짓말과 욕정으로 깊이 똬리를 틀고 앉아, 자신의 유익을 위해서라면 남을 가차 없이 밟고 죽이고 해치는 살인적 충동.
광명의 천사로 위장하여 꼿꼿이 풀 먹인 가사 적삼을 입고 법문과 화두로 중생을 다스리지만, 결정적인 순간에 몽둥이와 낫을 휘두르며 자리다툼을 일으키고, 자르르 흐르는 검은 수단이 발목까지 흐르도록 차려입고 웅장한 그레고리안 성가가 울려 퍼지는 미사를 거룩하게 드리지만, 뒤로는 지독한 고독을 이길 수 없어 바티칸의 철옹성 같은 계율을 어기고 동성연애와 알코올 중독으로 노년에 쓸쓸히 스러져 가는 성직자들.

강력한 교권의 엄청난 부와 명예를 거머쥐기 위해 교인들 앞에서 가스총 발사도 불사하는 종교 지도자들·······.

그들이 말하는 교리와 전통과 규례와 법도, 자신도 지키지 못하면서, 불자에게 신도에게 교인에게 강요하는 그들의 율법, 철학, 전통, 세상의 초등학문, 진리가 아닌 헛된 속임수······, 이 모든 것에 매이고 묶이고 휘둘리며 살아가는 것, 바로 이것이 가장 경계해야 할 우상이다.

이러한 우상 뒤에 숨어 활동하는 위선자들을 일컬어 예수님은 '너희 아비 마귀, 거짓말쟁이, 살인자에게서 난 독사의 새끼들, 회칠한 무덤들'이라고 정확히 진단하셨다. 요한복음 8장 44절

이들은 주로 정치적 권력과 돈의 위력, 심지어 영적인 카리스마를 과시하며 힘의 논리로 약자를 괴롭히는 강자가 된다.

그래서 결국 강자는 약자의 우상이 되고, 헛된 우상에 사로잡힌 약자는 강자의 노예로 전락하여 그들에게 덧없이 생명을 바친다.

숙명적으로 따라다니는 약자의 형벌, 그것은 인간을 노예근성, 거지 근성, 무기력, 진리에 대한 무감각으로 끌고 가서, 영혼은 없고 너덜너덜한 육신만 남아 휘청휘청 걸어 다니는 좀비처럼 살아가게 만든다.

그렇다고 해서 강자가 행복한 것은 아니다.
약자를 괴롭히고 빼앗고 죽이기 위해 끊임없이 잔머리 돌려 음모를 꾸미느라, 쉼도 없고 안식도 없고 행복도 없이 시달리며 한 생애를 살아간다.
따라서 우상 안에 속한 모든 강자와 약자는 불행하다.

내 한목숨 살아보겠다고 생명의 불빛을 밝히려 하지 않는 이기적인 바다, 흑암의 바다, 욕심의 바다, 살아갈 에너지는 고갈되어 언제 어느 때 내동댕이쳐질지 모르는 두려움의 바다, 금방이라도 원수가 나타나 양 날개를 가차 없이 부러뜨릴 것 같은 공포의 바다, 시커먼 파도가 집어삼킬 듯 포효하는 바다.
이 바다 위에 선명하고 분명하고 찬란하고 아름다운 빛을 밝힐 자, 그 누구인가.

만일 그런 이가 있다면, 그는 죽음보다 강한 사랑으로 충만해야 한다. 또한, 다른 이의 생명을 살리기 위해 자기의 목숨을 조금도 중요하게 생각하지 않을 만큼 용기가 있어야 하고, 자신의 희생으로 많은 사람의 고통을 덜어 줄 만한 가치가 있는지를 깊이 들여다볼 수 있을 만큼, 지혜를 겸비해야 한다.

사랑과 용기, 지혜를 갖춘 마크 미처 제독이 암흑의 바다에서 젊은 이들의 목숨을 살렸듯이, 이 고통의 바다에서 우리를 구원할 구세주가 필요하다는 말이다.

그런데 성경은 그 첫머리에, '태초에 하나님이 천지를 창조하셨다'고 하는 지상 대 선언 이후, 한 치 앞을 볼 수 없는 두려움으로 가득한 흑암과 가슴을 후벼 파는 고독과 그리고 자신의 가치와 존재 이유를 몰라 혼돈으로 가득한 우리네 삶을 향하여 이렇게 선포한다.

"'Let there be light', and there was light."
"'빛이 있으라!' 그리고 빛이 있었다." 창세기 1장 3절

흑암과 공허와 혼돈이 물결치는 고통의 바다에서 아름답고 찬란하게 불을 밝히며 우리를 생명으로 인도하는 바로 그 빛은, 구원의 빛, 생명의 빛이었고 죽음에서 우리를 살리는 부활의 빛이었으며 복잡한 율법을 단순한 복음으로 이끄는 자유와 해방의 빛이었다.

그러나 애석하게도 요한 사도는 이렇게 적고 있다.
'빛이 왔으나 어둠이 그를 알아보지 못하였더라.'

하지만 그 빛을 알아보고 감격하며 영접하는 자, 생명의 빛으로 오신 창조주, 예수 그리스도를 영접하는 사람은 하나님의 자녀가 되어, 운명의 바다, 고통의 바다에서 비로소 빠져나올 뿐 아니라, 그리스도의 빛을 이 땅에 밝힘으로써 밤하늘의 별처럼 빛나는 인생을 산다. 요한복음 1장 1~14절, 다니엘서 3장 12절

흑암을 밀어내는 태초의 빛
공허를 가득 채우는 창조의 빛
혼돈을 질서로 바로잡는 진리의 빛
참 빛으로 오신 창조주, 예수 그리스도

예수 그리스도가 우리의 구원자가 되는 날, 우리의 삶에 아름다운 변화가 시작된다.

그대들은 무엇을 사랑하는가?

──────────── 스물일곱 꽃다운 청년,

미 육군 중위 댄은 아프간 전장에서 다리 둘을 잃었다.
그가 반드시 살아서 조국으로 돌아가야 할 이유의 하나였던 사랑하는 여자, 레베카.
그녀는 예일대를 졸업한 아름다운 재원이었다.
그는 '내 곁을 떠나더라도 원망하지 않겠노라'고 소식을 전했다.
그러나 레베카는 깊은 절망에 빠져있는 댄을 찾아갔다.

"다리를 보고 남자를 사랑하는 것은 아니야."
한 청춘의 성숙한 사랑이 또 한 청춘의 미래를 살린 아름다운 이야기가 좋아서 신문에서 오려두었다.
창조주 하나님께서는 하늘에는 별을 만드시고 땅에는 꽃을 만들어 아름답게 하셨다. 그리고 사람들 속에는 사랑을 심어 놓으셨다.
그래서 에덴의 축복을 누렸던 아담과 하와는 '이는 내 뼈 중의 뼈요, 살 중의 살'이라며 서로를 존중하고 사랑하고 감격했다. 창세기 2장 23절

더불어 그들은 하나님을 사랑했다.
종족 본능의 육신 적 동기로만 살아가는 동물과 달리, 사람은 하나님의 형상을 따라 지음 받았을 뿐 아니라, 하나님의 호흡이 흙으로 만들어진 그들의 몸속에 스며들어 영적 존재가 됨으로써 영이신 하나님을 사랑하게 된 것이다. 창세기 2장 17절

다시 말해서 몸과 마음과 영혼이 하나님을 사랑하고, 하나님의 숨결을 받은 그 사랑으로 서로를 사랑한 것이다.
그래서 진실로 하나님을 믿으면, 진짜 사랑을 할 수 있다.
하나님을 믿는 척하거나, 신앙을 미끼로 자신의 유익과 동기, 야망의 성취를 꾀한다면 진짜 사랑, 성숙한 사랑을 할 수 없다.

그래서 결국 문제 앞에서 계산기 두드리다가 그럴듯한 자기 합리화의 옷을 걸치고, 핑계를 대고, 변명하고, 배신하며 떠나간다.

'댄'이 댄일 수 있는 것은 그의 다리 때문이 아니라, 그의 영혼 때문이다.
따라서 레베카가 사랑한 것은 남자의 근육질 탄탄한 다리가 아니라, 댄의 영혼에서 흘러나오는 진실한 사랑이었을 것이다.

그러고 보니 생각나는 또 한 사람이 있다.
미국 역사상, 네 번이나 대통령을 연임한 남편을 내조하고, 자신 또한 가장 사랑받는 퍼스트레이디로 이름을 올린 루스벨트Franklin Delano Roosevelt 대통령의 아내, 엘리노어Eleanor Roosevelt는, 39세의 젊은 나이에 소아마비를 앓고 휠체어에 몸을 의지한 채 실의에 빠져, 그래도 자신을 사랑할 수 있겠느냐고 묻는 남편에게 이렇게 말했다.

"내가 당신의 두 다리만 사랑했다고 생각하시나요? 당신은 조금 불편해졌을 뿐, 여전히 당신은 당신이지요."

지혜로운 사랑은 사람을 살린다.

그 사랑을 힘입은 루스벨트 대통령은, 심각한 고도근시에다가, 위를 절반이나 잘라내고도 최전방에서 싸우는 자기 아들을 사랑하듯, 전쟁터로 향하는 젊은 병사들에게 밤늦도록 따뜻한 코코아를 끓여 주고 그들을 위해 기도하는 진짜 사랑을 나누어 줄 수 있었다.

사랑은 나눌수록 더 빛나고 더욱 커지는 비밀이 있다.

사랑의 심지에서 불을 붙여 옮겨가더라도 여전히 그 등잔은 빛날 뿐 아니라, 다른 등잔의 심지에서도 똑같은 크기의 불빛이 뜨겁게 타오르는 이치와 같다.

이토록 아름다운 사랑, 지고지순한 사랑, 진짜 사랑은 눈으로 보이는 것이 아니라, 우리의 영혼에 자리하고 있다.
그래서 모든 육신적 기준과 수준을 뛰어넘을 때만, 보이고 발견하고 소유하고 누릴 수 있는 비밀이 있다.

그렇다면, 그대들은 무엇을 사랑하는가?

아니, 사랑하기 이전에 무엇이 사랑인지, 사랑의 정의부터 알아볼 일이다.
그래야 똑바로 사랑할 수 있을 테니까.
인간이 추구하는 최고의 선이 사랑이라는 것은 누구나 아는 바이기에, 자고로 모든 철학자들은 사랑의 개념을 설명하려고 애를 썼다. 그러나 철학적 접근이라는 게 늘 단순한 것을 복잡하게 설명하는 오류가 있다.
알 수 없는 복잡한 용어들로 자꾸만 말 잇기를 하다 보니 보통 사람들은 참 이해하기 힘들다.

단순한 것을 복잡하게 설명하는 것은 평범한 일이지만 복잡한 것을 단순화하는 것이야말로 천재적 두뇌를 필요로 한다고 했던가.

어쨌든, 이 복잡한 사랑 이론을, 성경은 단순·명쾌, 한 방에 뻥 뚫어 설명하고 있다.
원래 진리는 복잡한 것이 아니라고 누누이 말해왔듯이, 머리 깎고 산에 들어가 가사 적삼 걸치고 정진해야 겨우 터득할까 말까 하거나, 불교를 세계화하신 숭산 스님 말씀처럼 '도무지 모르겠다' 거나, 공空이나 무無의 개념으로 아리송, 어정쩡 설명되는 게 아니다.
내친김에 하버드 여대생과 숭산 스님의 사랑의 정의에 대한 일문일

답을 들어보자.

"What is love?" 왓 이즈 러브? - 사랑이 뭐죠?
큰스님의 대답 아닌 질문.
"I ask you, what is love?" 아이 애스크 유, 왓 이즈 러브? - 내가 묻겠다, 사랑이 뭐지?
당황한 여학생 침묵.
숭산 스님의 대답.
"This is love." 디스 이즈 러브 - 이것이 사랑이야
이해 못 한 여학생, 어리둥절, 침묵.
그 학생을 뚫어지게 쳐다보다가 큰스님 대답.
"You ask me, I ask you, This is love." 유 애스크 미, 아이 애스크 유 - 네가 내게 묻고, 내가 네게 묻는 거, 이게 사랑이야

도올 선생께서 쓰신 글을 웹 사이트에서 퍼다가 영어해석만 붙여 리메이크한 글인 터라, 감사하고 미안하지만, 너무 심오해서인지 잘 이해가 안 간다.
김용옥 선생이나 하버드 학생만큼 머리가 좋아야 이해하고 감동하는 것이 진리고 정의라면 그것은 이미 진리일 수도 없고, 정의로서

의 힘도 잃어버린다.

요컨대 진리란 이렇게 쉬워야 한다.
물고기는 물속에 살아야 생명이 있고, 새는 공중을 날아야 자유하며, 나무는 땅에 뿌리를 내려야 열매를 맺듯이, 개나 돼지와는 달리 영적인 존재로 지음 받은 인간은, 영적인 존재이신 하나님 사랑 안에 함께 있어야 행복하다.

얼마나 쉬운가.
우리 교회 유치원 아이도 이해하는 진리, 정의다.

자, 다시 원위치로 돌아가 사랑의 정의를 이야기하자.
성경은 이렇게 명확하고 단호하다.
"……하나님은 사랑이시라." 요한일서 4장 8절

"사랑 안에 두려움이 없고 온전한 사랑이 두려움을 내어 쫓나니 두려움에는 형벌이 있음이라. 두려워하는 자는 사랑 안에서 온전히 이루지 못하였음이라." 요한일서 4장 18절
"하나님이 세상을 이처럼 사랑하사 독생자, 예수 그리스도를 주셨

으니 이는 저를 믿는 자마다 멸망치 않고 영생을 얻게 하려 하심이라." 요한복음 3장 16절

"사랑은 여기 있으니 우리가 하나님을 사랑한 것이 아니요, 오직 하나님이 우리를 사랑하사 우리 죄를 위하여 화목제로 그 아들, 예수 그리스도를 보내셨음이라. 사랑하는 자들아 하나님이 이같이 우리를 사랑하셨은즉, 우리도 서로 사랑하는 것이 마땅하도다." 요한일서 4장 10~11절

"그런즉, 믿음, 소망, 사랑. 이 세 가지는 항상 있을 것인데 그 중에 제일은 사랑이라." 고린도전서 13장 13절

죽음보다 강한 사랑, 절대적 사랑으로, 하나님이신 그분이 이 땅에 육신을 입고 오셔서, 우리의 죄와 허물로부터 오는 죄의식과 재앙을 십자가의 죽음으로 대속하시고, 사흘 만에 부활하셔서 지금 성령으로 함께 하시는 하나님의 사랑, 그 사랑을 힘입어 사람을 사랑할 때, 우리는 비로소 진짜 사랑을 사람에게 줄 수 있다.
아름다운 외모나 돈이나 명예를 사랑하는 것이 아니라, 그 사람의 영혼, 그 사람 자체를 사랑하게 된다는 말이다.

예수님은 말씀하셨다.

"내 계명은 곧 내가 너희를 사랑한 것 같이 너희도 서로 사랑하라 하는 이것이니라 사람이 친구를 위하여 목숨을 버리면 이에 더 큰 사랑이 없나니 너희가 나의 명하는 대로 행하면 곧 나의 친구라" 요한복음 15장 12~14절

예수님과 친구 되어 사랑해보라.
고독, 두려움, 미움, 다툼, 시기, 질투, 모욕, 배신, 상처, 낙심, 자살 충동……, 모두 다 사라진다.

하나님의 바보 사랑 법
살리트 일병 구하기

———————— 팔레스타인에 포로로 잡혀간

이스라엘의 청년 병사 '살리트 일병 구하기'는, 악명 높은 하마스와의 긴 협상 끝에 1,027명의 팔레스타인 재소자와 맞교환하는 것으로 마무리되었고, 마침내 살리트는 5년여의 억류 끝에 조국과 가족의 품으로 돌아왔다.

"국민의 자유는 국력에 비례한다"는 프랑스의 작가이자 사상가인 루소Rousseau, Jean Jacques의 말을 굳이 빌리지 않더라도 작지만 강한 나라, 단 한 명의 젊은 목숨도 잃지 않으려는 이스라엘 정부의 노력이, 옳고 그름의 정치적 논란을 떠나, 감동을 준다.

1 대 1,027은 이스라엘 정부의 계산법이다.
이 어리석은 계산법은 현명한 결과를 가져다준다.
어떤 극한 상황이나 불리한 상황에서도 결단코 자신을 버리지 않을 거라는 병사들의 믿음은, 조국을 위해 기꺼이 목숨을 걸게 하고, 그 힘이 곧 나라의 힘이 되는, 참 멋진 계산법이다.
나라를 위해 총을 든 청춘들의 생명과 자유는 소중하다 못해 고귀하다.
1,027배가 아니라, 그 이상일 수 있어서 값으로 매길 수도 없다.

한편, 생명과 자유는 다른 개념인 듯하지만, 결국은 같은 개념이다.
생명이 없으면 자유도 없고, 자유가 없으면 생명도 없다.
죽은 목숨에게는 자유라는 말 자체가 무의미할 뿐 아니라, 자유가 없는 사람은, 실은 죽은 목숨이나 다름없다.

그래서 사람들은 이렇게 울부짖는다.
"나에게 자유를 달라, 그렇지 않으면 죽음을 달라." 패트릭 헨리 그렇다. 우리의 존재 이유인 생명과 자유.
그 의미는 무엇일까.
누구나 알고 있듯이 자유란, 하고 싶은 대로 멋대로 하는 것이 아니다. 자유가 방종과 다른 개념인 까닭이 여기에 있다.
사람들은 '~으로부터'의 자유를 추구한다. 그 자유를 위해 촛불도 들고 깃발도 들고 돌멩이도 던지고, 때로는 목숨도 던진다.
그런데 그토록 소중하게 얻은 자유의 에너지를 어디에 어떻게 쓸지 몰라 때로는 히피가 되기도 하고, 방황하기도 하고, 방탕하기까지 한다.
그 깊은 의미와 가치를 미처 깨닫지 못한 데서 온 결과일 것이다.

성경은 생명과 자유, 그 고귀한 가치와 의미에 대해 명쾌하고 신선하고 쉽게 밝히고 있다.
생명과 자유는, 진리라는 궤도 안에서만 그 힘을 갖는다.

예컨대 물고기가 물속에 살아야 생명이 있다고 하는 것은 불변의 진리다. 새는 공중을 날아야 자유하다.
물고기가 물속이라는 궤도를 벗어나는 순간, 숨 막히는 고통 속에서 몸부림치다가 죽어가듯이, 새가 하늘이라는 궤도를 떠나 새장에 갇히는 순간, 날개에 힘을 잃고 새장 속의 포로로 살아간다.
따라서 영적인 존재로 지음 받은 우리는, 영적인 존재, 즉 보이지 않는 하나님과의 합일을 통해서만 생명이 있고 자유로울 수 있다.
이것이 곧 창조 진리고 생명 진리다.
우리가 영적 존재인 증거는 여기에 있다.

만일 이 글을 대하는 그대가, '행복이란 무엇일까?', '운명이란 존재하는 걸까?', '정해진 운명대로 살아야 한다면 나의 인생은 너무나 불공평하지 않은가?'
'진리란 무엇일까?', '보이지도 않는 신은 존재하는 걸까?', '신이 있다면 나와 무슨 상관이 있단 말인가?'
'평안을 얻기 위해 불경을 외어볼까?', '삼종기도를 드려볼까?', '예배를 드려볼까……'
'머릿속에서 이 생각만은 지워버리고 싶은데 왜 이렇게 늘 꼬리에 꼬리를 물고 따라다니는 거지.', '왜 사람들이 미워지지.', '이 두려움은 어디서 오는 거야.', '왜 나 자신마저도 사랑할 수 없는 거지.'
'내 미래는 어떻게 되어 갈까?.', '이렇게 아등바등하며 비굴하게 살아야만 하나?', '취직은 해야겠지.', '어디에, 어떻게?' 등등.
이 중에 단 한 가지, 단 한 번이라도 고민해 본 적이 있다면, 그대는

욕망의 나비 칼리마

창조주 하나님의 형상과 모양을 따라 지음 받은 위대한 피조물이다.

인간만이 하나님의 숨, 즉 하나님의 호흡이 불어 넣어져 지음 받은 유일한 창조물로서, 동식물과는 다른 존재이기에, 창조주에 대해, 진리에 대해 그리고 자기 자신에 대해, 미래에 대해 질문하고 고민하고 의심을 품는다. 창세기 2장 17절

존재 의미를 찾아, 또는 자유를 찾아 나서는 암탉이나 갈매기는 만화 영화나 소설 속에서만 가능한 이야기일 뿐이다.
도살장 앞에서 눈물을 흘리는 암소라 할지라도 우리가 별 죄책감 없이 스테이크로 요리해서 맛있게 먹고, 아무리 주인 앞에서 꼬리를 흔드는 개라 할지라도 건강에 좋다면 가차 없이 보신탕으로 요리할 수 있는 것도 이런 이유에서이다.
인간이 죽어서 모기나 고양이나 돼지로 환생할 수 없는 이유도 여기에 있다.

좀 빗나가는 이야기지만, 언젠가 모기 죽이는 것이 갈등이라고 말한 달라이 라마Dalai Lama의 고민도 이 상쾌한 진리 앞에서 끝날 것이고, 이승에서 유달리 게을러 후생에서 죽으라고 일만 하는 소로 환생할

거라는 악담 듣고 악몽으로 시달리는 인생이 있다면 지금부터 생각으로부터의 자유가 시작될 것이다.

어쨌든, 안개와 같이 어느 날 스러져 가는 인생 여정 가운데, 우리들은 어떻게 생명 있음에 감사하고, 자유함에 황홀할 수 있을까.
그것은 앞서 말하는 대로, 진리라는 궤도 안으로 들어와, 하나님이 우리의 가치를 매기시는 어리석은 사랑 계산법에 따라 사는 것이다. 하나님의 어리석은 계산법은, 하나님을 알지도 못하고, 사랑하지도 않고, 거부하고 빈정거리는 우리들을 위해 자신의 목숨을 화목제물로 희생하시는 것이었다.

간혹, 사랑하는 사람을 위해 목숨을 버릴 수도 있고 위인을 위해 대신 죽을 수도 있다.
그러나 사랑은커녕, 자신을 능멸하고, 조롱하고, 못 박고, 침 뱉고, 멸시하고, 옷을 찢고, 뺨을 때리고, 매질하는 사람을 위해 죽어주기는 쉽지 않다.
더욱이 원수 같은 사람을 축복하며 용서하고 그 사람의 죗값을 대신 치러주는 죽음이란, 우리를 사랑하시되 끝까지 사랑하시는 하나님……, 사랑 그 자체이신 하나님이 아니고는 불가능한 일이다.

죽음보다 강한 사랑 계산법, 자신의 죽음을 통해 온 세상 인류를 살려내는, 하나님의 현명한 계산법으로만 가능하다.

"곧 우리가 원수 되었을 때에 그 아들, 예수 그리스도의 죽으심으로 말미암아, 하나님으로 더불어 화목 되었은즉, 그리스도 예수 안에 있는 생명의 성령의 법이 죄와 사망의 법에서 너희를 해방하였음이라."로마서 5장 10절, 로마서 8장 2절, 마가복음 10장 45절

물 떠난 물고기처럼 갈증 나고 시달리는 인생 문제로 혼돈 속에서 방황하는 우리를 위해, 하나님 만나는 길로 오신 참된 선지자 예수 그리스도.
운명이라는 슬픈 유산을 안고 때로는 가난으로, 질병으로, 무능으로, 막연한 두려움과 고독으로 죽어가야 할 운명에 묶여, 우리의 삶을 도적질하고 훔치고 멸망으로 몰아가는 영적인 존재, 사탄의 포로가 되어 살아가는 우리를 구속하신 참 제사장으로, 그 원수의 머리를 밟고 승리하신 참 왕으로, 이 땅에 우리의 구원자로 오신 예수 그리스도.

하나님의 능력이고 지혜이며, 창조주 하나님의 본체이신 예수 그리스도를, 지금 바로 이 순간, 마음 문을 열고 영접하면 예수 그리스도

는 성령으로 우리 안에 들어오셔서 우리의 삶에 생명과 자유를 불어 넣으신다. 고린도전서 1장 24절

"참 빛, 곧 세상에 와서 비취는 빛이 있었나니 그가 세상에 계셨으며 세상은 그로 말미암아 지은 바 되었으되 세상이 그를 알지 못하였고, 자기 땅에 오매 자기 백성이 영접치 아니하였으나, 영접하는 자 곧 그 이름을 믿는 자에게는 하나님의 자녀가 되는 권세를 주셨으니 이는 혈통으로나 육정으로나 사람의 뜻으로 나지 아니하고 오직 하나님께로서 난 자들이니라." 요한복음 1장 9~13절

"하나님의 아들, 예수 그리스도가 있는 자에게는 생명이 있고, 하나님의 아들, 예수 그리스도가 없는 자에게는 생명이 없느니라. 하나님의 아들, 예수 그리스도는 참 하나님이시오, 영생이니라." 요한일서 5장 12절

"누가 우리를 그리스도의 사랑에서 끊으리요, 환난이나 곤고나 핍박이나 기근이나 적신이나 위험이나 칼이랴, 이 모든 일에 우리를 사랑하시는 이로 말미암아 우리가 넉넉히 이기느니라. 내가 확신하노니 사망이나 생명이나 천사들이나 권세자들이나 현재 일이나 장래

일이나 능력이나 높음이나 깊음이나 다른 아무 피조물이라도 우리를 우리 주 예수 그리스도 안에 있는 하나님의 사랑에서 끊을 수 없느니라. 내가 그리스도 안에서 참말을 하고 거짓말을 아니 하노라."

로마서 8장 35절 ~ 9장 1절

진리 그 자체이고, 생명 그 자체이며, 길 자체이신 예수 그리스도, 곧 창조주 하나님이 영광 본체를 버리시고 우리에게 오셔서, 죄의 문제를 십자가 죽음으로 대속하시고, 사망의 문제를 해결하셨으며, 운명이라는 시나리오를 가지고 우리를 포로 삼아 끌고 다녔던 사탄의 권세를 완벽하게 밟아 버렸다고 하는 이 메시지가 바로, 복음이다. 그래서 기독교는 종교가 아니라 생명이다.

종교는 끊임없이 진리를 찾아 헤매지만, 복음은 진리 그 자체다.
동화사의 큰 스님, 진제 스님의 영원한 화두인 '참 나'를 찾는 것이야말로, 지고지순한 철학이요, 종교의 정점이다.
진리를 찾기 위해 자신의 생애를 오롯이 소진하신 성철 큰 스님은 그래서 불교계의 귀감이다.

그런데 성경은 우리의 정체성과 생명 그리고 자유에 대해 이렇게 말한다.

"나의 사랑, 그대는 디르사처럼 어여쁘고, 예루살렘처럼 곱고, 깃발을 앞세운 군대처럼 엄위하구나." 아가서 6장 4절

"내가 진실로 진실로 너희에게 이르노니 내 말을 듣고 나 보내신 이를 믿는 자는 영생을 얻었고 심판에 이르지 아니하나니 사망에서 생명으로 옮겼느니라." 요한복음 5장 24절

"진리를 알지니 진리가 너희를 자유케 하리라." 요한복음 8장 31~32절

"하나님이 세상을 이처럼 사랑하사 독생자를 주셨으니 이는 그를 믿는 자마다 멸망하지 않고 영생을 얻게 하려 하심이라." 요한복음 3장 16절

"우리가 아직 죄인 되었을 때에 그리스도께서 우리를 위하여 죽으심으로 하나님께서 우리에 대한 자기의 사랑을 확증하셨느니라." 로마서 5장 8절

우리를 향한 하나님의 계산법은 1 대 1,027 정도가 아닌, '바보 사랑법'이다.

꿈꾸지 않고 청춘일 수 있지만
꿈 없이는 청년으로 살 수 없다

The name alo
beautiful en

그 이름만으로
충분히 아름답다

청년들의 꿈, 진짜 잘 사는 것

──────────── 오래전,

모 일간지에 서울대 의대 91학번 학생들이 신입생 때 국어숙제로 써 냈다는 〈나의 20년 후〉라는 원고가 실렸다.

그중에 가장 흥미로웠던 글은 현재, 진료와 강의 그리고 논문에 시달리며 아파트 가격 걱정과 아이들 학교 성적에 신경을 쓰며 살고 있다는 모 교수님의 청춘 시대, 그 시절의 영롱한 꿈이었다.
중국의 의료선교사 허드슨 테일러의 전기를 읽고 선교사의 꿈을 안고 살았다는 그의 글은 이랬다.

〈나의 20년 후, 40세〉

어렸을 때부터 꿈꾸어 오던 중국에 있을 것이다. 서부 초원지대 목축을 하는 지역에서 복음을 전하며 교회를 세우고 의사로서 환자를 대할 것이다. 나의 일을 적극적으로 협조하는 아내, 내 뜻을 받아주신 부모님, 내가 세상에 왔다 갔을 때 세상에 도움이 됐다는 말을 듣고 싶다. 성균관대 의대 k 교수

비록 그의 영롱한 꿈이 아련한 꿈이 되고 말았을지라도, 참 감동적이고 순수한 꿈이어서 그대로 적어보았다.

하지만 중년이 된 그의 가슴 속에 그 꿈이 살아있다면 그는 아직 청년이다.

청춘은 짧지만, 청년의 때는 길다. 꿈 없이도 청춘일 수 있지만, 꿈 없이는 청년으로 살 수 없다는 게 나의 지론이다.

어쨌든, 청춘의 때 소유한 꿈을 가지고 우리는 어떻게 살아야 잘 사는 것일까.

'잘 살고 잘 죽는 문제'가 초유의 관심이 되고 있는 이 시대, 어떤 이들은 '오염되지 않은 먹거리, 규칙적인 운동, 긍정적인 사고, 좋아하

는 일, 정기적인 건강 체크……, 등등. 죽으면 흙이 되고 말 육신적인 것들에 열을 올리고, 정신적 가치를 추구하는 일각에서는 수준 높은 교훈들이 줄을 잇는다.

자신을 비우라고 스님은 말하고, 모든 것을 내려놓으라고 목사님은 설교한다.
신부님은 가방 하나 들고 교구를 오가시며 빈 마음을 실천하시고, 진리를 좇는 청춘들 중에는 숭고한 꿈을 이루어보려 산으로 들어간다.
중생들은 이도 저도 아니고 그저 하루하루 살아가기에 바빠서 웰빙well being이고 웰다잉well dying은 뒷전이고, 당장 발등에 불 끄기 바쁘다.

그런데 불교계의 존경받는 큰스님께서, '어떻게 하면 잘 사는 건지'를 화두로 잡고 석 달 동안 동안거冬安居에 들어갔다가, 그 치열한 자기와의 싸움을 마치고 나온 제자들에게 하셨다는 법문을 읽게 되었다. j 일보 문화면 中에서

"어떻게 하면 잘 사는 건지 나는 몰라, 아는 사람 있으면 손들어봐."
제자들을 향한 큰스님의 질문이었다.

-침묵-

"아무도 없어? 다행이네. 있었으면 내가 쫓겨날 뻔했구먼."

평소 격식을 폐하시고 경전의 자구나 화두에 집착하지 말라는 그분의 가르침대로라면 다소 이해가 되었다가도, 한편으로는 그 대답을 듣고 있을 제자들의 표정이 궁금해졌다.
신문에는 그분들의 뒷모습만 나와 있었는데, 무척 진지해 보였다. 게다가 그분의 유명한 선문답, "할 말 없다, 니 똥이다."라는 말씀은 참 흥미로웠다.

'어떻게 해야 잘 사느냐?' 하는 문제 앞에서, 청춘의 시대에 만끽할 모든 즐거움과 애욕과 식욕과 자유분방함을 포기한 채, 진리를 찾아 업보로부터 자유하리라, 백팔 번뇌를 버리고 영혼의 자유를 누리는 부처가 되리라, 숭고한 꿈을 찾아 머리 깎고 산에 들어와 하루 한 번 구멍으로 밥 한 번 받아먹고, 목숨 건 정진을 마치고 난 뒤, 엄숙히 무릎 꿇은 청춘들에게는 다소 난감하고 허탈한 답변이 될 수도 있겠다는 생각이 들었다.

하긴 산에 피는 꽃 색깔이 다르듯이 사람마다 다른 손금대로 살아야 하는 중생의 운명은, 어찌 생각해 보면 그분의 법문대로 똥같이 더러운 것이다.
이 세상에서 잘살아 보겠다고 몸부림치는 모든 것들이 결국 똥이라는 큰스님의 말씀에 목사인 나도 적극 찬성한다.

성경에도 이 땅의 모든 것이 '똥'이라고 말한 사도가 있다.
이스라엘의 열두 지파 중 귀족층인 베냐민 지파의 한 사람으로서, 당시 동서 문화의 중심지였던 길리기아 다소 출신이고, 청년의 때에 이미 당대 최고의 학자 가말리엘 문하의 수제자였으며, 로마의 지배 아래 있었던 유대에서 로마 시민권을 소유할 정도로 그는 부와 명예를 거머쥔 사람이었다.
그의 서슬 퍼런 권력 앞에서, 예수를 따라다니던 '그리스도인'들은 광풍 앞의 불꽃에 지나지 않았다.

신실한 믿음과 지혜로 사람들에게 칭찬을 받던 스데반 집사를, 예수 믿는다는 이유 하나로, 돌멩이로 쳐 죽이는 살인 현장 속에서도 눈 하나 까딱하지 않는, 확고한 신념의 소유자였다.
그는 율법으로는 흠이 없는 바리새인 중의 바리새인이요, 하나님을 특심으로 섬기는 유대인 중 최고 엘리트 유대인이었다.

그런 그가 예수 믿는 흉측한 인간들을 잡아서 인간 횃대로 만들고, 으르렁거리는 굶주린 사자들의 먹이로 던져 버리려고 다메섹 거리를 걷고 있었다.

소위, 정치적으로 힘을 가진 대제사장으로부터 허가받은 살인 번호를 들고 살기가 등등하여 걷고 있었을 때, 그는 홀연히 예수를 만나 엎드러졌다.

"……사울아, 사울아 네가 어찌하여 나를 핍박하느냐 가시채를 뒤발질하기가 네게 고생이니라."

"주여, 뉘시니이까."

"나는 네가 핍박하는 예수라……, 일어나 네가 나를 본 일과 장차 내가 네게 나타날 일에 너로 사환과 증인을 삼으려 함이니, 이스라엘과 이방인들에게서 내가 너를 구원하여 저희에게 보내어, 그 눈을 뜨게 하여 어두움에서 빛으로 사탄의 권세에서 하나님께로 돌아가게 하고 죄 사함과 나를 믿어 거룩케 된 무리 가운데서 기업을 얻게 하리라." 사도행전 26장 14~18절

이렇게 예수를 만난 청년 사울은, 이후 사도 바울이 되어 로마를 복음화하고 순교하기까지 오직 고백은 이것이었다.

"하나님의 비밀인 그리스도 안에는 지혜와 지식의 모든 보화가 감추어져 있으니" 골로새서 2장 3절

"오직 그리스도와 십자가 외에는 내가 알지 아니하기로 작정하였음이니라"
"유대인은 표적을 구하고 헬라인은 지혜를 구하나 그리스도는 하나님의 능력이고 지혜니라. 그러나 그리스도라는 이름이 유대인에게는 꺼리는 것이고, 스스로 지혜가 있다고 하는 헬라인에게는 미련하게 보이지만, 이 세상이 주장하고 고집하는 유전과 전통과 철학은 헛된 속임수에 불과하여, 생명이고 진리이고 길이신 예수 그리스도 앞에 나아가지 못하게 하는 도다." 고린도전서 2장 2절, 1장 22~24절

"그러므로 나의 주 예수 그리스도를 아는 지식이 가장 고상함을 인하여 나의 모든 것을 배설물로 여기노라." 빌립보서 3장 8절
배설물은 곧 똥이다.
결국, 그가 탐구했던 철학과 목숨 바쳐 지켰던 율법과 교리, 신념, 전통들이 '진리이신 예수 그리스도'를 만나는 순간 똥이 되었다는 얘기다.
그렇다면 이제 더는 똥 잡고 살아서는 안 된다.

핍박자 사울을 찾아오신 예수님이 말씀하신 대로, '눈을 뜨면'……, 무가치한 것, 답도 안 되는 것 잡고 청춘을 허비하게 만들어 기구한 운명으로 끌고 가는 어둠의 세력, 거짓말쟁이, 욕심쟁이, 살인자, 진리가 그 속에 없으면서도 진리를 흉내 내며 광명한 천사로 위장하고 찾아오는 마귀, 사탄의 세력이 보인다. 요한복음 8장 44절, 고린도후서 11장 14절

무당만 귀신들려 작두 타는 게 아니다.
이 어둠의 주관자에게 속으면, 의로운 대통령이 되려고 몸부림치다가 자살하고, 재벌로 사는데 집안싸움으로 망신당하고, 한 미모 뽐냈는데 인생 망가지고, 고상하고 성실하게 살았는데 자녀들은 방황한다.

운명의 시나리오에 매여 사탄의 노예로 사는 인생은 결코 잘 사는 게 아니다.
사주팔자와 업보와 원죄를 해결하고 사탄의 머리를 밟아버리신 만왕의 왕 예수 그리스도를 영접하여 마귀의 손아귀에서 빠져나와, 운명으로부터 자유케 되는 것이 잘 사는 것이다.

거기에다 사도 바울처럼, 사탄의 종노릇하며 업보에 눌려 쩔쩔매는

인생들의 문제를 풀어주는 진짜 전도자, 진짜 선교사, 자신의 전문성에 있어 최고 성공의 자리에서, 인생의 진짜 해답을 가지고 살아간다면, 진짜 잘 사는 것이다.

청춘 예찬

───────── 나는 청춘을 예찬한다.

청춘들을 사랑한다.
청춘들을 위해 기도한다.

나의 기도는 그들의 미래를 위한 것이고, 숱한 절망의 산맥을 넘어온 인생의 선배로서, 그리고 자신의 진정한 가치와 정체성의 혼란 속에서 고민했던 청춘의 시간을 살아온 목사로서 청춘들을 사랑하고 돕고 싶다.

실제로 청년들과 후대들을 위한 사역에 내 목회 인생을 걸고 있기도 하지만, 우선은 이 세상에 존재하는 모든 청춘들에게 자신의 진정한 가치와 정체성을 가르쳐주고 싶다.

'나는 누구인가?'

이것은 소크라테스 이후로 영원한 화두이기 때문이다. 화두란 불교에서 참선 수행을 위해 이끌어내는 이야기의 실마리다. 주로 '나는 누구인가?', '나를 움직이는 근원적 힘은 무얼까?'는 인간 본연의 근본적 질문으로 시작된다.

이 의심을 풀기 위해 스님들은 겨울에 삼 개월, 여름에 삼 개월을 오직 선방에 틀어박혀 주구장창 기도에 정진한다.

그래서 '이 뭣고'라는 화두로 유명해진 스님도 계시고, 그를 따르는 제자도 있다. 그런데 아직도 명확한 답을 얻지 못했는지 지금도 동안거冬安居 하안거夏安居 템플스테이는 계속되고 있다.

며칠 전엔 흥미로운 기사를 읽었다.

가톨릭 베네딕트회 소속, 독일 스위스 탄자니아 국적 수사들이 서울 삼각산 자락 화계사에서 긴 다리로 108배를 하느라 고행을 하며 '천당 가는 길,' '진정한 자유와 행복을 찾는 길', '절대 자유의 나'를 화두 삼아 참선한다는 것이었다.

그런데 재미있는 것은 그중 한 수사의 질문이었다.
"저는 전생에 무엇이었을까요?"
대답은 이렇다.
"독일 사람이었을 수도, 한국 사람이었을 수도 있지요. 동물이었는지도 몰라요." ㅈ 일보 기사 中에서
동물이었을지도 모른다는 답 속에서 고통받는 티벳 민족의 영적 지도자, 살아있는 부처, 노벨 평화상 수상자, 달라이라마의 고민이 생각났다.
그는 모기를 죽이는 것이 큰 갈등이라고 했는데, 아마도 조상 중에 모기로 환생했거나 전생에 모기였을지도 모른다는 염려 때문이었을까…….
아니면 내세에 모기로 태어날 수도 있다는 말? 설마, 그건 아니라고 생각하고 싶다.
그 심오한 의미를 모르겠다.

어쨌든 이 시대의 종교와 인문학은 자기 정체성을 찾아 무수히 질문을 던지고 그 질문에 이런저런 답을 내놓지만, 아직도 시원치가 않다.
그나마 불교계의 큰스님, 인간의 한계를 초월하는 용맹정진으로 존

경을 받은 성철 스님은, 열반하기 전, 인간 본연의 모습으로 돌아가 자신을 깊이 성찰하는 귀한 말씀을 남겼다.
오직 진리를 찾기 위해 정진했던 그가, 54년 동안 단절하고 살았던 딸에게 이렇게 말한다.

'나는 지옥에 간다. 우리는 구원이 없다. 산보다 높고 바다보다 깊은 죄를 해결할 자가 없기 때문이다.'

이 얼마나 슬프고도 솔직한 고백인가.
게다가 그는 80년의 포교 생활이 진리 아닌 것을 가지고 진리인 척 무론 남녀를 속여, 산 채로 불의 아비, 지옥으로 떨어지니 한이 만 갈래나 된다고 고백하고 있다.
자신이 존경하고 예배한 대상인 부처는 본래 사탄이라는 것이다. ㅈ, ㄱ 일보 1987년 4월 석가는 원래 큰 도적이요 달마는 작은 도적이라 했다. 그렇다면 적어도 '천당 가는 길'에 대한 답과 '나는 누구인가'라는 답, 그리고 '근본적으로 무엇에 의해 나는 움직여지는가'에 대한 답이 불교적 해석으로는 명백해졌다.

가사 적삼 한 벌로 평생을 검소하게 마음을 비우며 살아도 결국 지옥 간다는 것이고, 아무리 우리의 삶을 진실하게 진리대로 살려고 몸부림쳐도 죄의 배후에서 움직이는 사탄으로부터 '자유한 나'를 찾기는 어렵다는 말이다.

하나님을 부정하고 대적하며 우리의 삶을 멸망과 저주와 사망으로 몰고 가 천국을 도둑질하는 사탄을 숭배하는 자로서의 정체성을 가지고야 어찌 행복한 삶을 살 수 있겠는가.

성철 스님의 표현대로 '한이 만 갈래'나 될 뿐이다.

이렇게 보면 사실 이 세상을 살아가야 할 존재 이유를 상실하고 만다.

그래서 사람들은 절망하고 청춘들은 방황한다.

그런데 성경은 우리의 정체성, 나와 너의 정체성, 우리의 가치에 대해 이렇게 말해준다.

"너와 나는 하나님의 형상을 따라 창조된 아름다운 존재로서, 이 세상을 정복하고 다스리고 충만할 가치가 있는 존재다". 창세기 1장 26~28절

모기나 개나 돼지 같은 동물과는 달리, 인간만이 하나님의 호흡을 불어 넣어 지음 받은 영적인 존재이기에, 눈에 보이지 않으나 존재하시는 하나님, 영이신 창조주에게 예배하며 하나님과 함께 있을 때만이

에덴의 축복을 누리는 것이다. 창세기 2장 7절

그러나 사탄이라는 존재, 광명한 천사로 위장하고 우리에게 찾아와 종교적 교리와 철학과 윤리, 도덕의 잣대를 내밀어 끊임없이 우리의 기쁨과 행복을 도둑질하는 자가 있으니 그가 바로 사탄이다. 창세기 3장 1~6절, 요한복음 8장 44절, 10장 10절, 골로새서 2장 8절

거짓말쟁이, 욕심쟁이, 사탄의 속임수에 빠지면 새가 하늘을 날지 못하여 자유롭지 못하듯이, 물고기가 물속에 있지 못하여 갈증 나듯이, 나무가 땅에 있지 못하고 시들어가며 열매 맺지 못하듯이, 우리는 공허와 어둠과 혼돈 속에서 원죄라는 죄업을 지고 운명이라는 이름의 고통의 바다에서 허우적대며 몸부림친다. 창세기 1장 2절

이 운명과 죄의 문제에서 우리를 해방시키기 위하여 그리고 성철스님이 말씀하신 '도적놈', 사탄의 일을 멸하기 위하여 만왕의 왕으로, 대제사장으로, 참선지자로, 삼중직 그리스도의 권세를 가지고 이 땅에 하나님이 직접 오셨으니 그분이 예수시다. 요한일서 3장 8절, 마가복음 10장 45절, 로마서 8장 2절

성철 스님이 해결하지 못해 지옥에 간다던, 바로 그 죄를 담당하신 예수 그리스도를 마음의 문을 열고 지금 영접하면, 하나님의 자녀가 된다. 요한복음 1장 12절

죽어서 천국 가는 것은 당연한 것이고, 지금 있는 그곳에서 천국을 누리는 비밀이 여기에 있다.
굳이 머리 깎고 산에 안 들어가더라도, 예쁜 여자 바라보고 음심을 품지 않으려고 눈을 질끈 안 감아도, 시원한 맥주 바라보고 마실까 말까 갈등 안 해도, 고독하게 보초 서며 맛있게 담배 한 대 피워도 충분히 '죄로부터 자유한 나'로 살아가는 길이 복음이다.
그래서 하나님의 말씀을 복음, 복된 소식, 굿뉴스GOOD NEWS라 부른다.

복음이 진리다.
진리는 찾아 헤매는 것이 아니라 이미 와 있는 것이다.
그 진리 되신 예수 그리스도 안에만 있으면 자유 하다. 요한복음 8장 31~32절

그 이름만으로 충분히 아름답다

———————— 청년, 그 이름만으로도 충분히 아름답다

요즘은 청춘이라는 말이 주로 쓰이긴 하지만, 원래 젊은 세대라는 뜻을 가진 청년the younger generation이, 한창때라는 뜻의 청춘the bloom of youth 보다는 훨씬 깊고 넓은 뜻을 품고 있다.
꽃피는 청춘은 확 폈다가 사그라지지만 훌륭한 청년은 영원할 수 있다.

75세 생일을 맞이한 맥아더 장군은 말했다.
"젊음이란, 살아온 시간의 문제가 아니라 마음의 문제다. 희망, 상상

력, 꿈, 용기, 신념이 메말라 버리는 순간, 당신은 더이상 청년이 아니다."
75세의 맥아더를 청년이라고 말할 수 있는 이유가 여기에 있다.
인생 여정 속에 '한창때'는 아니지만, 그의 가슴 속엔 '젊음'이 있기 때문이다.
그래서 '영원한 청춘'은 없지만, '영원한 청년'은 있다는 게 내 생각이다.
과거의 실패나 약점, 현실의 상황에 매여 주저앉지 않는 용기, 미래를 향한 희망, 보이지 않는 것을 볼 수 있는 상상력, 신념 앞에서 타협하지 않는 힘.
이러한 힘으로 가슴이 가득 차 있을 때 우리는 그를 청년이라 부른다.

힘이란 원래 물리적으로 물체의 운동 상태를 바꾸는 원인이나 작용을 의미하지만, 성경은 눈에 보이지 않는 힘에 대해 말하고 있다.

다윗이라는 청년 목동이 있었다.
예루살렘 성읍의 남쪽, 비옥하고 아름다운 구릉 지대에 위치한 베들레헴이라는 곳에서 이새의 여덟 아들 중 막둥이로 태어난 그는, 맡겨진 양을 돌보는 데 있어서 생명도 불사할 만큼 성실하였다. 곰이나 사자가 와서 자기 양을 움키면, 달려들어 곰의 입을 찢어 버리고 사자의 수염을 뽑아버릴 만큼 용맹한 반면, 양들과 생활하는 목가적인 풍경 속에서 시를 쓰고 수금을 타며 하나님을 찬양하는 낭만주의자였다.

이즈음 이스라엘의 1대 왕 사울은 블레셋과의 싸움에서 승리하였으나 교만하여져 하나님의 법을 어기고, 이를 책망하는 선지자 사무엘 앞에서 자신의 불순종을 백성에게 떠넘기는 패역을 일삼았다. 그러자 하나님은 이스라엘의 제2대 왕을 세우리라는 계획을 가지고 사무엘을 베들레헴으로 파송하여 목동 다윗을 장로들 앞에서 왕으로 기름 부어 세우셨다.

이후, 다윗은 왕이 되리라는 약속을 받았음에도, 흥분하거나 자랑하거나 조급하지 않고 다시 일상으로 돌아가 성실하게 양을 쳤다. 그런데 사울 왕이 악신이 들려, 날마다 번뇌하고 우울증에 시달리며 광적으로 발작하자, 한 신하가 왕에게 다윗을 추천했다.
'베들레헴, 이새의 아들 중, 수금을 잘 타는 것은 물론이거니와, 호기와 무용과 구변이 있는 준수한 용사가 있는데, 여호와 하나님이 그와 함께 하십니다.' 사무엘상 16장 18절

이로써 다윗은 인류 최초의 성공적인 음악 치료사가 되었다.

하나님과 함께 하는 힘.
보이지 않는 힘의 원천이신 하나님, 그분과 함께 하는 다윗의 수금 타는 소리는, 사울 안에서 역사하는 악귀를 쫓아내어 사울의 마음을 유쾌하게 하였으니, 당연히 그는 왕의 총애를 입게 되어 궁중에서의 법도와 정치를 배웠다.
사울의 병 증세가 호전되자 그는 다시 고향으로 돌아가 묵묵히 양을 쳤다.

다윗의 힘은 하나님을 믿는 믿음에서부터 비롯된 것이었다.
이스라엘의 왕이 되리라는 꿈, 그에 대한 신념은 궁중에서 물러나 낙향한다고 해서 무너지는 것이 아니었다.
확고한 신념과 꿈의 성취를 믿는 믿음 위에 서 있으면 여유로움이 생겨서, 결코 쟁쟁거리거나 불평하거나 조급해하지 않는다.
불가항력적으로 부어지는 축복, 그 힘을 믿기에 그는 하나님의 때, 하나님의 시간표를 유유히 기다릴 수 있는 것이다.

역사는 역사의 주관자이신 하나님을 통해 돌아가되, '하나님의 사람만을 위하여' 움직이게 되어있다.
물론 하나님은 온 인류를 사랑하신다.
하나님은 공평하시고 신실하시며 사랑, 그 자체이시기 때문이다.
햇빛과 비를 공평하게 내리시는데, 하나님을 거부하고 멸시하고 욕하는 사람의 머리에도 태양은 비추이고 그들이 심은 곡식 위에도 비는 내린다.
그러나 70억 인구에게 관심이 있다고 해서 70억 모두가 축복의 대상은 아니다.
도덕적 기준도 그렇다.
그대가 만일 사랑도 많고 힘도 많고 돈도 많다면 어려운 이웃에게 관심과 사랑을 갖고 돌봐야 맞는 것이다. 그렇다고 해서 가문의 명예와 이름과 권위와 업적까지 상속해 주지는 않는다.
실력이나 인격이나 성공 여부에 상관없이 자녀에게 계승시키는 것은 당연하고도 자연스러운 일이다.

이와 같이 하나님의 법도 하나님이 소유하신 가장 좋은 것, 그것만은 하나님의 자녀에게만 주게 되어있을 뿐 아니라, 하나님의 원대한 뜻을 계승시키기 위해, 사랑하는 자녀 중심으로 지구도 돌리신다.

하나님은 차별하시지 않으나 구별은 하신다.

히스토리History의 주인공이신 하나님은, 다윗을 불러내기 위해 블레셋의 장군, 골리앗을 사용하셨다.

하나님을 멸시하고 조롱하는 가드 사람 골리앗은, 기골이 장대하고 힘이 얼마나 셌던지 창 자루의 크기가 베틀 머리만큼 굵었다.

이스라엘에 위기가 왔고 사울 왕은 현상금을 걸었다.

골리앗의 목을 베는 자에게는 상금은 물론, 사위 삼겠다고 했다. 마침 전쟁터에 나간 형들의 안위를 물으러 아버지의 심부름을 간 다윗은, 하나님의 군대를 사십 주야 능멸하는 조롱을 들었고, 그는 홀연히 오만불손한 골리앗 앞에 맞섰다.

신념을 지키는 용기는 청년의 특권이다.

하나님의 사랑과 공의를 바탕으로 한 신념은, 목숨과 바꿀 만한 가치가 있다.

그런데 하나님은 목숨을 바치는 결단과 용기를 빌미 삼아 결코 목숨을 앗아가는 분이 아니다. 이것이 잡신들과 구별되는 지점이다.

죽고자 하면 영원히 산다. 이것이 하나님의 법이다.

다윗, 그는 물맷돌 다섯 개와 막대기를 들고 나갔다.

뺨이 붉고 젊고 아름다운 청년, 앳되고 파릇파릇한 다윗을 보고 심히 업신여긴 골리앗이 자기들이 믿는 잡신의 이름으로 저주하며 말했다.

"흠, 막대기를 들고나오다니, 네가 나를 개로 여기느냐, 내가 네 고기를 들짐승과 공중의 새들에게 던져 주리라."

이에 다윗이 선포했다.
"너는 칼과 단창으로 내게 오거니와 나는 만군의 여호와의 이름, 곧 네가 모욕하는 이스라엘 군대의 하나님의 이름으로 네게 가노라, 오늘 여호와께서 너를 내 손에 붙이시리니 내가 너를 쳐서 네 머리를 베고 블레셋 군대의 시체로 오늘날 공중의 새와 땅의 들짐승에게 주어 온 땅으로 이스라엘에 하나님이 계신 줄 알게 하겠고 또 여호와의 구원하심이 칼과 창에 있지 아니함을 이 무리로 알게 하리라 전쟁은 여호와께 속한 것인즉, 그가 너희를 우리 손에 붙이시리라."

사무엘상 17장 45~47절

유다와 이스라엘은 대승을 거두었다.
청년 다윗의 인생, 제2막이 열리는 순간이었다.

그렇다고 해서 그의 고난이 끝난 것은 아니었다.
장인이 된 사울 왕의 시기와 질투는 죽는 날까지 멈추지 않았다.
전쟁터에서 자기 칼에 엎어져 죽는 그날까지, 무려 9번이나 다윗을 향하여 칼을 던졌고, 인생 전체를 전쟁 속에서 다윗의 뒤를 추격하는 것으로 허비하며 살았다.

사울 왕, 그의 외부의 적은 블레셋 군대였다.
그러나 그를 더욱 파멸시킨 것은 바로 내부의 적, 자기 자신이었다.
'다윗은 만만萬萬이요, 사울은 천천千千이라'고 노래하는 이스라엘 백성들의 노래를 듣고 시기와 질투로 온몸을 부르르 떠는 순간, 더러운 귀신이 그의 속에 들어갔다.
왕의 자리, 멋있게 지키며 아름답게 인생을 누릴 수 있는 그 자리에서, 만족도 없이 감사도 없이 하나님을 향한 경외심은 내어던진 채, 세상적인 자리 하나 지키려는 집착과 욕심과 교만과 질투로 살아가는 그 삶 자체가 바로, 지옥 같은 전쟁터였으리라.

눈에 보이지 않는 또 다른 힘, 사람 속에 들어가 마음과 생각 속에 가라지를 뿌리고, 비교 의식과 열등감 속에서 절망에 빠져 스스로 목숨을 끊게 하는 자, 파괴자, 거짓말쟁이, 진리가 그 속에 없으므로 진리가 있는 척 흉내 내며 속이는 자, 하나님의 대적자, 우리의 삶을 훔치고 도적질하는 자, 거짓말쟁이, 광명한 천사로 위장하고 오는 자, 우는 사자처럼 두루 다니며 삼킬 자를 찾는 자, 옛 뱀, 큰 용, 마귀, 사탄이라고 불리는 존재는, 교리 책에도 논어에도 맹자에도 도덕책에도 안 나온다.

오직 성경만이 그 정체를 밝히고 있을 뿐 아니라, 그 존재를 이기는 힘이 바로 그리스도의 권세임을 밝히고 있다. 요한계시록 12장 1~9절, 요한복음 8장 44절, 베드로전서 5장 7~8절

사울 왕의 집착이 바로 정신병이고, 그 정신병으로 그의 삶을 비참하게 끌고 간 배후에는 사탄이 있었다. 요한일서 3장 8절
전쟁터에서 자기 칼에 스스로 엎어져 자결해야 하는 기구한 운명, 그 운명의 시나리오는 마치 매트릭스의 세계처럼 철저한 시스템을 쥐고 있는 암흑의 빅브라더big brother, 마귀라는 존재에 의해 움직여지고 있는 것이다.

그러므로 성경은 우리에게 성령의 권능을 받으라고 말한다.
이 힘을 받은 다윗은, 자기를 죽이려고 추격하다가 피곤하여 쓰러져서 자고 있는 사울 왕을 죽이지 않고 그의 옷자락만 살짝 베어 경고했다.

모든 원수 갚음은 하나님의 손에 있다는 믿음은, 청년 다윗을 더욱 당당하고 멋진 인생으로 견인해 갔다.

환경을 초월하고, 사람을 이해하며 수용하고 용서하는 아름다운 힘을 가지고, 다가올 미래를 기대하며 꿈을 꾸고 성실하게 도전하는 힘은, 창조주 하나님, 예수 그리스도, 그를 높이고 노래하며 사랑하고, 그리스도 안에 거할 때만 영원하다.

질문하라 고로, 존재하리니

———————— 날씨가 추워지면

우리나라 최전선을 지키는 병사들이 생각난다.
목사로서의 출발이 군부대사역과 공동체 운동이어서인지, 카키색 청춘들에 대한 나의 애정은 각별하다.
특히 '영하 20도면 빤쓰 바람'으로 통했던, 강원도 지역의 씩씩한 신병 교육대와 수색대대는 마음 한구석이 알싸해지는 기억들이 많아서 더욱 그립다.

어느 날이었다.
그날도 철원의 조그맣고 예쁘게 지어진 교회당에서 예배를 인도하고 있었다.
장병들의 마음을 어루만져주기 위해서 이름도 '어머니 교회'라 했다.
그런데 저 뒤 편 의자에 앉아있던 낯선 청년 하나가 어깨를 들썩이며 울기 시작했다.
그때 무슨 설교를 어떻게 했는지 기억은 안 나지만, 예배 후, 그와 나눈 이야기는 아직도 생생하다.
그 청년은 굵은 눈물을 하염없이 흘리며 이렇게 질문했다.

"하나님은 인간을 사랑한다면서 왜 고통을 줍니까?"
"정해진 운명대로 살아야 한다면 굳이 하나님을 믿을 필요가 있습니까?"

무거운 질문에 비해 그의 갈등 스토리는 귀여웠다.
그 날은 사랑하는 여자 친구가 고무신 거꾸로 신고 시집가는 날, 이별 선언의 요지는 '사랑하지만, 운명이니까'였단다.
하여튼 나의 답변이 그에게 해답이 되었는지, 그 청년은 정신적 혼란 상태에서 결심했던 '극단적 행동'에 브레이크를 잡았고, 무사히

전역했다.

전도 현장에서 무수히 만난 청년들 중에 유독 그가 지금, 떠올랐던 것은, '삼성그룹의 창업자, 대한민국 부자의 대명사'로 불리는 고故 이병철 회장이 폐암으로 생을 마감하기 한 달 전, 천주교 신부에게 보냈다는 24개 문항의 질문지가 언론에 의해 공개되었고, 그 질문이 바로, '운명대로 살다가 극단적 죽음'을 택하려 했던, 바로 그 청춘의 질문과 너무나 닮아있었기 때문이다.

다른 게 있다면, 한 사람은, '인간이라면 피할 수 없는 생로병사의 운명 속에서, 적어도 살아있는 동안, 아등바등하는 흉한 꼴은 보이지 않으리라.' 결심하고 돈과 권력과 의학으로도 고칠 수 없는 불치병을 담담히 받아들이며, '좋은 죽음'을 고뇌했던 성숙한 노인이었다면, 다른 한 사람은 인생의 여정 속에 수없이 지나쳐갈 철없는 사랑 때문에 '화끈한 죽음'으로 배신에 대한 복수를 감행하려 했던 앞길 창창한 청춘이었다는 사실이 다를 뿐, 질문의 본질은 똑같았다. '인간이 갖는 근본 문제'에 대한 질문이었으니까.

고故 이병철 회장의 질문은 훌륭하고 적확的確하다.

'하느님의 존재를 어떻게 증명할 수 있나?'
'신은 왜 자신의 존재를 똑똑히 드러내 보이지 않는가?'
'신이 인간을 사랑했다면 왜 고통과 불행과 죽음을 주었는가?'
'예수는 우리의 죄를 대속하기 위해 죽었다는데 우리의 죄는 무엇인가?'
'왜 우리로 하여금 죄를 짓게 내버려 두었는가?'
'성경에 부자가 천국에 가는 것을 약대가 바늘구멍에 들어가는 것에 비유했는데 부자는 악인이란 말인가?'
이 외에도, 영적인 통찰력 없이 머리에서 나오는 사유思惟만으로는 절대로 답할 수 없는 고뇌에 찬 질문이 더 있다.

성공한 사람은 질문도 훌륭하다.
그런데 문제는, 훌륭한 질문에 훌륭하고 적확한 대답이 없을 때 우리는 몹시 답답해진다.

훌륭한 대답은 완전한 해결책이 동반되어야 한다.
특히 인간의 근본적인 문제, 소위 보통 사람들이 말하는 운명, 사주, 팔자, 기독교와 천주교가 말하는 원죄, 불교가 말하는 업보 같은 것으로 시달리고 괴로워할 때, 그에 대한 대답은 '인생 문제 끝'

이 되어야 하고, 머리 나쁜 사람도 금방 이해가 될 만큼 단순·명쾌해야 한다.
특히나 물질적이거나 육신적인 것이 아닌, 영적인 질문일 때는 반드시 영적인 대답이 되어야 맞다.
영적인 것을 육신적 비유로 해석하려 드는 순간, 그 대답은 불완전한 것이 된다.
그런데 대부분 공부를 지나치게 많이 했거나 머리가 좋은 사람들, 영적인 소경 상태에서 벗어나지 못한 채, 자기 기준에 매여 있는 사람들의 특징은, 쉬운 것을 어렵고 복잡하게 설명하거나, 사실은 애매한데 현란한 어휘로 그럴듯하게 포장해서, 이해 못 하는 쪽이 오히려 자괴감에 빠지게 만든다.

예를 들면 이런 거다.
안 풀리는 인생 문제로 악 소리 난다고 하면, 한쪽에서는 '아프니까 청춘'이라 하고, 다른 한쪽에서는 '너만 아프냐, 나도 아프다'고 한다.
답은 다른 것 같지만, 본질은 똑같다. 그냥 그렇게 받아들이며 살라는 말이다.
다시 정리하면 그 누구도 비껴갈 수 없는 운명이라는 얘기다.

운명이란 모순덩어리고 때로는 얄궂은 거니까.

살다 보면 좋은 날도 있을 거니까.

천하의 부자도 불치병에 걸려서 화려하고 좋은 것 다 놓고 빈손으로 떠나야 하고, 연세 여든에도 정정한 할아버지는 당장 저녁거리 해결하려고 종이 박스를 찾아 엄동설한 가파른 길을 오르내려야 한다.

더 살고 싶어도 살 수 없고, 빨리 죽고 싶어도 죽어지지 않으며, 열심히 살아도 모아지는 것 없고, 모아 놓았는데 어느 날 손가락 사이로 슬며시 빠져 나가버리는 소설 같은 운명들.

누구는 태어나면서부터 은수저 물고 태어나 인생 자체가 명품이고, 누구는 4시간 자고 나머지는 죽으라고 일하고 공부해도 사회의 주류에 끼어들 수 없는 것이야말로, 아프니까 운명이다.

만일 운명이라는 시나리오를 전능자 하나님이 잡고 흔들고 있다면, 그 하나님은 믿을 필요가 없다.

잔인하고 얄궂고 못된 신을 믿는 그 자체가 어리석은 것이고, 어차피 정해진 운명대로 살 거면 추운 날 교회 가는 것보다는 뜨듯한 소파에서 감자 칩 먹으며 뒹구는 편이 훨씬 낫다.

그래도 일요일엔 꼭 교회에 가야 하나님이 복 준다고 말하는 종교 지도자가 있다면 사기 치는 거다. 나도 목사지만.

그렇다면 진짜 하나님은 계시는가.

성경은 우주와 만물과 인간을 창조주 하나님이 창조하셨다고 말한다.

부처님도 공자님도 못하신 이 장엄한 선포는 '스스로 계신 자' I AM WHO I AM 여호와 하나님, 창조주만이 할 수 있는 대 선언이다.

하나님은 자연을 통해서 자신의 존재를 보여주기도 하신다.

바람이 불어도 보이지 않지만, 나무 이파리가 흔들리는 것을 보고 알 수 있듯이, 영적 존재이신 하나님은 보이시지 않으나 그가 우리 안에서 하시는 일을 보고 그의 존재를 깨닫게 하신다.

하나님은 우주 공간에 푸른 지구 하나 띄우시고 한 치의 오차도 없이 한 손으로 지구를 돌리신다.

태양을 도는 지구가 뜨거운 태양에 너무 가까웠다면 우리 모두 뜨거워 죽을 것이고, 너무 멀어졌다면 얼어 죽었을 것이라는 사실은 초등학생도 안다.

공중에 나는 새는 곡간에 곡식을 거둬들이지 않아도 굶지 않고, 들에 핀 백합화는 길쌈도 하지 않는데 솔로몬 왕이 입은 비단옷 보다 더 아름답다.

그 전지전능하신 하나님께서 구체적이고 사실적으로 우리에게 자신의 존재를 똑똑히 드러내셨는데, 이천 년 전에 유대에 오신 예수 그리스도시다.

태초에 말씀이 있었고, 이 말씀이 하나님과 함께 계셨으니 이 말씀은 곧 하나님이셨다. 이 말씀으로 말미암아 만물이 지어졌으며 '말씀이 육신이 되어'Incarnation, 성육신 이 땅에 오셨으나, 세상이 알아보지 못하고 거절하였다.
그러나 그 이름을 믿고 영접하는 자는 하나님의 자녀가 되는 권세를 갖게 되는 것이니, 이는 혈통이나 육정이나 사람의 뜻으로 믿어지는 것이 아니라, 하나님께로부터 오는 절대적 은혜를 받아야만 믿고 구원을 얻게 된다. 요한복음 1장 1~14절, 에베소서 2장 8절
하나님의 말씀은 살았고 운동력이 있어 좌우에 날 선 어떤 검보다 예리하여 우리의 관절과 골수를 찔러 쪼개고 치유하며 마음과 생각까지도 지키고 보호하신다. 히브리서 4장 12절

창조주 하나님께서 영광 본체를 버리시고 메시아, 예수 그리스도로 이 땅에 오셔서 십자가에서 죽으시고 부활하심으로써 우리의 죄와 저주와 재앙을 담당하시리라 약속하신 언약이 구약舊約이며, 그 약속이 이루어진 것이 신약新約이다. 요한복음 5장 8절, 20장 31절

하나님께서는 성경을 통해서도, 자신의 존재를 선명하게 보여주신 것이다.

그렇다면 과연, 우리를 사랑하시되 끝까지 사랑하시는 하나님, 예수 그리스도의 자발적인 십자가 죽음을 통해서 죽음보다 강한 사랑을 확증하신 하나님께서 우리에게 고통과 슬픔과 질병과 가난도 동시에 주시는 것일까.

원래 인간은 하나님의 형상을 따라 하나님의 자녀로 지음 받아 이 땅을 다스리며 번성하고 충만한 복을 누리는 존재였다. 창세기 1장 26~27절 그러나 간 들짐승 뱀 속에 들어간 사탄, 인류의 탄생 이전에 하나님을 대적하여 흑암과 공허와 혼돈으로 이 세상을 장악한 이 세상 신, 마귀, 옛 뱀, 큰 용이라 불리는 존재가, 에덴의 축복을 누리며 완벽한 사랑과 신뢰 관계로 살아가는 아담과 하와의 가정을 속이고 공격하였다. 요한계시록 12장 1~9절, 창세기 3장 1~6절

물고기가 물속에 살아야 생명이 있고, 새가 하늘을 날아야 자유 하듯이 영적인 존재로 지음 받은 인간은 하나님과 함께 있어야 행복하다는 것이 하나님의 창조 원리고 생명 원리다.

이 사실을 결단코 잊지 말라고 기억장치로 만들어 놓은 선악과를 따먹도록 유혹하여 하나님께 불순종하도록 선의적인 말로 하나님

의 말씀을 교묘하게 비틀고 변질시킨 사탄에게 속아, 하나님과 맺은 은혜 계약이 파기되는 순간, 인간은 고통과 재앙과 저주의 늪으로 빠져들었다.

남자는 수고하여 이마에 땀을 흘리고, 수치와 부끄러움과 두려움을 숨기려고 끊임없이 몸부림치며, 여자는 남자에게 집착하고 매달리고 요구하고, 해산하는 고통을, 이 땅은 엉겅퀴를 내며 독을 품어 늙고 죽고 병드는 저주를 피할 길이 없게 되었다.

이 운명적 저주의 책임 소재를 하나님은 사탄을 향하여 분명히 밝히고 계신다.

'네가 이렇게 하였다.' You have done this 창세기 3장 14절

점쟁이나 무당만 귀신들려 점치고 작두 타는 것이 아니라, 세상의 전통과 철학과 유전과 헛된 속임수로 우리를 혼미케 하여 그리스도의 광채 앞에 나아가지 못하게 하는 존재, 우리를 속이고 죽이는 욕심쟁이, 살인자, 거짓말쟁이, 우리의 기쁨을 훔치고 도적질하는 자, 진리가 그 속에 없으므로 진리인 척, 속이고 흉내 내는 자, 마귀의 존재를 알지 못하고 막연히 살아가는 우리도 마귀가 깔아 놓은 매트릭스 시스템, 즉 운명이라는 시나리오에 끌려다니며 살게 되는 것이다.

이렇게 화살이 과녁을 빗나가듯 '하나님을 떠난 것'이 '죄'이며 죄를 짓는 자마다 마귀에게 속하였다고 사도 바울과 요한 사도는 성경을 통해 밝히고 있다. 요한복음 8장 44절, 골로새서 2장 8절, 요한일서 3장 8절

인간에게 고통을 주는 마귀의 머리를 밟아버리시고 그 일을 멸하시려 만왕의 왕으로, 인류의 죄를 대속하기 위하여 참 제사장으로, 그리고 하나님 만나는 길로, 진리로, 생명으로 오신 참 선지자, 온 인류의 구원자 메시아, 그리스도는 여인의 후손으로 오셨다. 창세기 3장 15절

부처님도 훌륭하시고 성모 마리아도 고결하시고 공자님도 올바르시지만, 우리의 고통과 저주를 완벽하게 해결해 주실 수 없는 이유는, 일단 남자의 후손이고 부활하지 못했으며, 기름 부어 세운 왕, 제사장, 선지자, 세 가지 직분을 동시에 갖지 못했기 때문이다.

성경에서 말하는 부자는 돈만 많다고 부자가 아니라, 영적인 눈이 어두워 하나님의 말씀을 자신의 기준으로 변질시키거나 아집과 교만과 헛된 지식이 덕지덕지 붙어 예수 그리스도가 구원자임을 믿지 못하는 자를 일컫는다.

우리 인간은 생각하므로 존재하는 것이 아니라, 올바른 질문 속에서 올바른 해답을, 아름다운 생각을 가져야 비로소, 아름답고 당당하고 멋있게 존재한다.

새벽이슬, 그 영롱함

──────────── 다윗은

청춘들을 향하여 '새벽이슬'이라고 노래하였다.
싱그러운 새벽, 빛나는 햇살을 받아 영롱하게 반짝이는 새벽이슬을 청춘이라 부른 그는, 최고의 로맨티스트이자 전쟁 영웅이었고, 세계사가 증명하는 이스라엘의 2대 왕이었다.

'왕께서 군대를 이끌고 전쟁터로 나가시는 날에 왕의 백성들이 즐거이 헌신하고 아침 동이 트는 그때, 새벽이슬 같은 젊은이들이 왕께로 모여들어 원수의 왕을 발등상 되기까지 밟으리라.' 시편 110편 1~3절

적군의 왕, 사랑하는 이들을 곤경에 빠뜨린 원수들의 왕을 잡아 그 머리를 밟으리라 노래하였으니 이처럼 멋진 승전보가 또 있을까.
이렇듯 당당하고 멋진 인생의 노래가 다윗의 개인 스토리가 되기까지, 그의 인생은 그리 만만치 않았다.

유대 땅, 베들레헴에서 이새의 막내아들로 태어난 다윗은 양치기가 되었다.
눈이 아름다웠던 청년 다윗은, 푸른 들판에서 양들과 함께 수금을 타고 시를 쓰고 노래 부르기를 즐거워하는 뮤지션임과 동시에, 자신에게 맡겨진 양들을 사자나 곰이 움키려 들면 달려가 입을 찢어 구해낼 만큼 책임감이 투철하고 용감하였다.
그러던 어느 날, 그는 하나님의 부르심 속에서 이스라엘의 후대를 이끌어갈 왕으로, 선지자 사무엘과 장로들로부터 비밀리에 기름 부음을 받았다.

그때 당시의 왕, 사울은 블레셋 군대와의 싸움에서 승리하자 교만이 극도에 달하여 마치 자신이 하나님인 양, 전쟁에 지치고 굶주린 백성들을 괴롭히고 저주하였을 뿐 아니라, 자신의 공적만을 내세워 보란 듯이 기념비를 세웠다.

게다가 하나님께 예배드리는 것을 무시하기에 이르렀으니, 분별력을 상실한 채, 반미치광이가 된 사울 왕의 손에서 이스라엘 백성을 구해 낼 새로운 왕이 은밀하게 필요했던 것이다.

이즈음 하나님께로부터 버림을 받은 사울 왕은, 악신이 들어가 심각한 우울증으로 시달리고 있었다.
이를 보다 못한 신하들은 '지성과 감성과 용기를 두루 갖춘 젊은이, 수금을 잘 타는 준수한 청년, 하나님과 동행하는 다윗'을 추천하여 왕의 곁에 있게 하였다.
신기하게도 다윗이 수금을 타고 노래하면 사울의 광기가 사라지고 악신이 떠나갔다.
사울 왕이 건강해지자 다윗은 다시 베들레헴으로 돌아가 양을 치고 있었고, '하나님의 영'Holy Spirit으로 충만한 그의 노래는 더욱 아름답고 평화로웠다.

그러던 중 블레셋 군대가 기골이 장대한 골리앗을 앞세워 쳐들어왔다.
196킬로그램이나 되는 갑옷과 투구로 완전 무장한 골리앗의 창자루가 베틀의 용두머리만큼 굵었으니, 이스라엘의 군대는 그의 목소리만 들어도 벌벌 떨었다.

이때 전쟁터에 나간 형들의 안부를 물으러 아버지의 심부름을 간 다윗은 '하나님을 섬기는 하나님의 군대'를 조롱하는 골리앗과 일대일 승부에 나선다.

'너는 칼을 차고 창을 메고 투창을 들고 나에게로 나왔으나, 나는 네가 모욕하는 이스라엘 군대의 하나님, 곧 만군의 주, 승리의 왕, 여호와 하나님의 이름을 의지하고 너에게로 나왔노라 하나님의 구원하심이 칼과 창에 있지 아니함을 이 무리로 알게 하리라 전쟁은 하나님께 속한 것이니, 그가 너희를 우리 손에 붙이시리라.' 사무엘상 17장 45~47절

매끄러운 조약돌 다섯 개와 지팡이 하나를 들고 나간 다윗은 골리앗의 이마를 정통으로 맞춰 기절시킨 뒤 그의 목을 밟아 칼로 베었다. 하지만 전쟁을 승리로 이끈 청년 다윗, 원수의 목을 벤 영광도 잠시, 평온했던 그의 삶은 영욕榮辱의 소용돌이 속으로 휘몰아 빠져들었다. 블레셋 군대를 무찌르고 개선 행진을 하는 그날, '사울은 천천이요, 다윗은 만만이라' 이스라엘 백성들은 환호하였으나, 이에 질투의 화신이 되어 눈이 멀어버린 사울 왕은 다윗을 향해 칼을 갈았기 때문

이었다.

이후로 왕의 자리에 앉기까지 청년 다윗은, 생을 바쳐 자신을 죽이려 하는 사울 왕, 자신을 사랑했던 아내 미갈의 아버지, 장인의 광기 어린 살인 충동에 쫓겨 질풍노도와 같은 청춘을 살아야 했다.
그를 괴롭힌 것은 블레셋의 군대도 아니었고 들판에서 포효하는 사자도 아니었다.
가장 가까운 사람, 늘 같이 있어야 하는 사람, 목숨처럼 사랑하고 목숨을 바쳐 사랑했던 동지, 요나단의 아버지, 생명 걸고 지켜야 했던 조국의 왕이었다.
그래서 청년 다윗은 더욱 괴로웠다.

사울이 던진 창에 두 번이나 죽을 뻔했던 위기를 넘긴 후, 자신을 죽이려고 미친 듯이 찾아 헤매는 사울 왕과 그의 군대를 피하여 끝없는 방랑이 시작되었다.
한 번은 엔게디En Gedi 광야에 피해 있던 다윗을 잡기 위해 사울 왕은 군사 삼천 명을 거느리고 추격하다가 심히 피곤하여 다윗이 숨어있던 동굴 바깥쪽에서 깊이 잠든 적이 있었다. 다윗은 그를 쉽게 죽일 수 있었으나 죽이지 않고 옷자락만 살짝 베었다.
비록 원수의 생명이라 할지라도 하나님의 절대주권 안에 있음을 인정했던 것이다.
이를 알게 된 사울 왕의 감격도 잠시, 이미 악신에 사로잡혀 판단력을 잃어버린 그는, 전쟁터의 이슬로 사라지기까지 이유 없는 분노와 살인 충동 속에서 불행하게 살아야 했다.

백성들의 사랑을 한 몸에 받았던 이스라엘의 왕, 다윗. 그의 청춘은 굶주림과 두려움과 고난으로 범벅된 인생의 전장戰場이었고, 동시에 그의 인생을 영웅의 스토리로 엮어 간 푸른 초장이었다.
원수의 목전에서 상을 베푸신 하나님의 공의와 사망의 음침한 골짜기로 다닐지라도 쉴 만한 물가로 인도하신 하나님의 사랑, 그 선하심과 인자하심이 영원무궁하리라는 다윗의 노래는, 산들바람 속에서 수금 타며 발 뻗고 놀다가 나온 노래가 아니었다.

고난을 통과한 자, 논리적으로나 이성적으로 도저히 이해할 수 없는 환경이라 할지라도 신실한 믿음과 공교한 손으로 최선을 다한 청춘만이 부를 수 있는 노래였다.
오래전, 청년이 청년을 살해한 병영에서 그 청년은 말했었다. '조금 다른 세계'에서 일어난 일이라고.
그렇다면 다윗의 시대에 사울 왕이 존재했듯이 '다른 생각을 가진 사람들'이 사는 세상에서 살아갈 오늘의 청춘들에게 꼭 해주고 싶은 이야기가 있다.

'조금 다른 생각을 가진 사람들'이 만들어가는 '조금 다른 세상의 스토리'를 보이지 않게 조종하는 악신, 사울 왕 속에서 역사했던 그 악신은 지금도 여전히 존재한다는 것이다.
그 악신을 이기고 환경을 정복할 수 있는 유일한 길은, 마음과 생각과 영혼 속에 하나님의 나라, 곧 천국을 건설하는 것이다.

하나님의 나라는 명상한다고 오는 것도 아니고, 마음을 비운다고 소유하는 것이 아니라, 하나님의 힘, 승리의 왕, 부활하신 예수 그리스도를 영접하고 그 이름을 힘입어 악신을 내어 쫓아야 하나님의 나라가 임한다고 성경은 말하고 있다. 마태복음 12장 28절

청년 다윗은 이 비밀을 알았고 이 비밀은, 그에게 손끝 하나 안 대고 원수를 밟아버릴 힘과 지혜를 주었다.
청춘들아, 하나님의 지혜요, 능력이며, 비밀인 예수 그리스도, 그 이름을 불러보아라. 다윗의 청춘을 영롱하게 빛낸 그 힘이 그대들에게 머무를 터이니. 누구나 알면 비밀이 아니다.

새로운 인생 스토리

──────── "나는 이제……,

지금까지 살아온 나의 모든 생각이 부정당하는 또 다른 세계로 돌아가야 한다. 두렵고 외롭다."

신병 교육을 마치고 첫 휴가를 나와 복귀하기 전날 밤 쓴 어떤 청춘의 메모 한 줄이다.

그다지 넉넉하진 않지만, 가족들의 사랑 속에서 밝고 건강하게 자라나, 엄친아가 다닌다는 일류대학에 무난히 들어가서, 트로트와 랩을 자유자재로 넘나드는 가창력으로 노래방을 한순간에 장악하는 음주 가무의 종결자, '별일 없이 사는' 명랑 캐릭터인 그의 단상斷想치고는 의외다.

아프니까 청춘이고, 넘어지니까 청춘이고, 보이지 않는 미래가 두려우니까 청춘이라고 다독이고 싶지만, 빛나는 아름다움이라고 말하기엔 그들의 숨겨진 이야기가 때로는 너무 어둡고, 인생 시계로 이제 겨우 아침 일곱시인데 너무 서두르지 말라고 말하기엔, 당장 삼각 김밥 살 돈도 없으니 안타까울 때가 있다.

등록금을 벌기 위해 학교를 휴학하고, 하루 16시간씩 아르바이트를 하다가 검증되지 않은 건강 보조식품이나 신약개발 프로그램의 인간 마루타로 나서는 이 시대의 청춘들, 밤새워 일하는 편의점 일이 고되어 노래방 도우미로 나서볼까 아니면 촛불 들고 광화문으로 나가볼까 갈등하는 보통 청춘들……, 명문대에 유학 스펙까지 패키지로 갖춘 모범적 가장, 일류대 교수님의 부드러운 멘토링에 열광하는 것은 그래도 그들의 마음을 속속히 알아주는, 찾아보기 드문 기성세대이기 때문이리라.

스님은 마음을 비우라고 말하고, 신부님은 착하게 살라고 말하고, 목사님은 예수님 잘 믿어야 천국 간다고 말하니 종교도 당장은 답이 아닌 것 같고, 서점을 뒤덮은 자기 계발서는 지금 당장 뭔가를 시행해야 한다고 결단을 촉구하지만 성공한 1% 앞에서 이 시대의 청춘들은 늘 기가 죽는다.
모든 것이 불확실하다. 그래서 때로는 위험하다.
이들이 청춘이다.

아프디아픈 청춘, 아니, 휙 가버린 청춘, 그 시절이 그리워 젊은 영혼들, 특별히 소외된 이웃과 후대들을 사랑하며 살아온 목사로서 이들을 위해 난 무엇을 어떻게 해야 할까 고민해왔다.
기독교를 개독이라 폄하하고 목사를 먹사 꼴통 취급하는 청춘들이 있음을 나는 알고 있다.
그럼에도 그들을 사랑하는 것은, 그들의 말이 때로는 맞는 말이기 때문이다.

성경에는 젊은이들 이야기가 꽤 많이 나온다.
한 여자를 깊이 연애하여 이십 년을 하루같이 종살이하고도 돈 한 푼 못 받고 쫓겨날 뻔했던 야곱.

배다른 형들의 질투심 때문에 죽을 고비 겨우 넘겨 애굽의 노예로 팔려갔던 요셉.
형들보다 늘 띨띨해서 양치기에, 치즈 도시락 심부름만 다녔던 다윗.
어린 나이에 전쟁 포로로 잡혀가 사자굴과 풀무불에 던져질 위기에 처했던 다니엘과 그의 세 친구.
현상 수배범 엘리야를 집도 직업도 다 버리고 멘토로 섬기며 따라 다녔던 엘리사, 등등.

자신의 의지와 소원과는 상관없이 밀려오는 험악한 환경과 인간관계의 위협 앞에서 이 청춘들은 어떻게 살았길래, 갑부가 되고, 국무총리가 되고, 왕이 되고, 최고의 공무원이 되었으며, 한 시대를 리드하는 최고의 지성과 영성의 대명사가 되었을까.

답은 딱 한 가지다.
이 한 가지를 제대로 안 가르쳐 줘서 기독교가 욕을 먹고 목사도 말만 거창한 이중인격자로 전락한 것이다.
70억 인구, 그 누구도 예외 없이 갖고 태어나는 운명, 사주팔자라는 개인의 스토리는 속세를 떠나 머리 깎고 깊은 산속 암자에서 바람 소리 들으며 살아도 비켜 갈 수 없는 것이다. 그래서 법정 스님은 말빚을 지고 가야했다.

이 사주팔자 스토리를 고쳐보려고 용하다는 무당 찾아가 천만 원짜리 살풀이굿에, 부적을 덕지덕지 붙이고 다녀도 안 된다.

그래서 무속인들도 자신의 의지와 상관없이 무당 팔자, 그 스토리 그대로 사는 것이다.

그러면 교회만 열심히 다닌다고 깨진 인간관계가 회복되고, 죽고 싶은 환경이 입맛대로 변하는 것일까?

천만의 말씀이다.

광활한 우주 공간 위에 푸른 별 하나 띄우시고 한 손으로 정확하게 돌리시는 창조주 하나님, 그분이 만들어 가시는 이야기를 히스토리 History 즉, 역사, '히즈 스토리' His story 라고 부른다.

결론부터 말하면, 그분의 스토리 속에 개인의 스토리가 들어가면 비로소 운명이라는 굴레에서 벗어나 새로운 스토리가 시작되는 데, 그 길을 가르쳐 줘야 하는 것이 목사의 사명이고 교회의 역할이며 성경의 주제다.

이 한 가지를 똑 떨어지게 가르쳐주지 않고 사람의 동기나 기준, 행동 윤리나 교리로 애매하게 버무려버린 것이 곧 종교화된 기독교인 것이다.

운명이란, 하나님을 믿지 못하게 우리의 생각을 가로막는 이 세상 신, 어둠과 공허와 혼돈의 주관자, 때로는 철학이나 유전이나 전통, 세속 문화로 광명하게 위장하고 다가오는 영적 매트릭스 시스템, 눈에 보이지 않으나 존재하는 사탄이 만들어내는 개인의 스토리다.
우리의 삶을 훔치고 도둑질하고 멸망으로 끌고 가는 기구한 운명의 스토리에서 빠져나와 새로운 도전과 아름다운 부흥으로 우리들의 이야기를 만들어 가시는 분이 바로, 하나님이신 예수 그리스도시다.

그분이 오늘 말씀하신다.

"나, 너의 구원자는 용사같이 나가며, 전사같이 분발하여 외쳐 크게 소리쳐 너희 대적을 크게 치리라!" 이사야 42장 13절
"나는 곧 길이요, 진리요 생명이니, 나를 통해서 하나님의 자녀 된 너희들을 내 손에서 빼앗을 자 없으리라." 요한복음 14장 6절

청춘들아!
겹겹이 다가오는 장애물들로 그대들의 스토리가 버겁거든 지금, 예수 그리스도를 마음속으로 불러보아라.

그대들, 청춘에게 새로운 인생 스토리가 시작될 테니.

모르는 것을 묻는 것이
지혜의 시작이다. 유향

지식은 땅에서 얻고
지혜는 하늘에서 온다

Big
Question

Big Questions

빅 퀘스천

신은 왜
자신의 존재를
똑똑히 드러내 보이지 않는가?

성공한 부자는 많으나 행복한 부자를 찾기란 쉽지 않다.
모 재벌가의 치열한 가족 싸움을 뉴스로 접하며 든 생각이다.

세상의 기준으로는 이렇게 말한다.
'부자 천국'
돈이면 다 된다는 얘기다.
사실 그렇다.

그래서 부자들은 갖고 또 가지려 든다.
돈이 주는 쾌감에 중독된 까닭이다.
반면, 성경은 부자들에게 갈등을 준다.
부자가 천국에 들어가기란 낙타가 바늘구멍을 통과하기보다 어렵다는 것이다.
이에 대한 구체적인 예까지 들고 있다.
당대 예수 그리스도의 엘리트 제자로서 의사였던 누가는, 그가 쓴 복음서에서 부자의 말로를 상세히 적고 있다.

이 땅에 사는 동안, 넘치는 돈으로 자색 옷과 고운 베옷을 입고 날마다 열락을 즐겼던 부자는 결국 지옥에 떨어져 이렇게 하소연한다. '거지 나사로의 손가락 끝에 물을 찍어 내 혀를 서늘하게 하소서, 내가 이 불꽃 가운데서 심히 고통을 받고 있나이다.' 누가복음 16장 24절

신의 존재를 부정하는 세속주의자나 불가지론자들도 성경 속, 가여운 부자 스토리는 다 알고 있다.
그래서인지 우리나라 최고 부자, 고故 이병철 삼성 회장도 폐암으로 타계하기 한 달 전, 신과 종교에 대해 인간이 가질 수 있는 근본적 질문 24가지를 남겼다.

내용인즉, '신이 존재한다면 왜 자신을 드러내지 않는가?'라는 첫 물음부터 '부자가 천국에 가는 것을 약대가 바늘구멍에 들어가는 것에 비유했는데 부자는 악인이란 말인가?'라는 질문을 거쳐, '지구의 종말은 오는가?'라는 마지막 물음까지……, 상당한 고뇌의 흔적이 보인다.

그 질문들이 24년 동안 묻혀 있다가 모 천주교 사제를 통해 세상에 나옴으로써 큰 화제가 된 적이 있다.
목사로서 새삼 이 질문들을 다시 꺼내 든 것은, 며칠 전 성공한 중견 사업가 내외분과 함께, 하나님과 구원, 복음과 종교에 관하여 대화를 나누던 중, 충격을 넘어 감격에 가까운 신앙고백을 들어서이다.

"저를 보십시오, 낙타가 바늘구멍을 통과했습니다."
행복한 부자이자, 우리 교회 중직자인 그분이 바늘구멍을 한숨에 통과한 비밀이 있고, 그 비밀을 목사인 내가 가지고 있다는 확신이 드는 순간, 갈등했던 부자, 고故 이병철 회장이 떠오른 까닭이다.
서론이 다소 길어지기는 했으나, 지금부터 고뇌에 찬 제1번 질문, '신은 왜 자신의 존재를 똑똑히 드러내 보이지 않는가?'라는 절박한 질문에 대해 '바로 그 해답The Answer to that Big Question'을 제시하려 한다.

이 질문을 받아 든 천주교의 중견 사제는 성경을 근거로 하기보다는 세상의 논리로 설득에 가까운 설명을 붙이고 있다.

요약건대 이렇다.

'신은 이미 자신을 드러내고 있다. 현대 물리학에선 우주의 차원을 11차원이라고 한다.
신이 존재한다면 그 너머의 차원까지 관통할 것이다. 3차원적 존재가 11차원적 존재를 어떻게 인식할 수 있겠나.
흑백 TV로 3D 컬러 영상물을 수신할 수 없는 것과 비슷하다.'

좀 더 쉽게 풀면 이렇다.
'신은 코끼리이고 인간은 개미다. 개미는 코끼리의 부위마다 다른 질감을 평면으로 느낀다.
그러나 개미는 코끼리의 실체를 파악하진 못한다.
왜 그런가. 개미의 인식 능력에 한계가 있기 때문이다. 그게 코끼리가 없기 때문이 아니다.'

신을 보지 못하는 것은 인간의 문제일 뿐, 신의 한계나 신의 문제가 아니라는 것이다.
맞는 말 같긴 한데, 머리로 이해는 되지만 가슴으로 믿음을 줄 수 없는 맹점이 있다.

게다가 우주와 만물을 창조하시고 푸른 지구를 한 손으로 돌리시는 창조주 하나님의 입장에서는 귀여워서 웃으실 수준의 논리다.

세상에서 누리고 즐기던 모든 재물을 뒤로 두고 예측불허의 죽음과 그 이후를 맞이해야 하는 부자의 심정은 어떤 것일까.

노벨 평화상 수상자이자 성인의 반열에 오른 마더 테레사Teresa 평생 '하나님, 즉 천주님의 이름으로' 선행과 박애로 살았으나, '하나님을 보려 해도 보이지 않고, 음성을 들으려 해도 들리지 않으며, 기도하려 해도 말이 나오지 않는' 고통 속에서 밤마다 죽음의 공포와 어둠이 자신의 영혼을 짓누른다고 하지 않았던가.

그렇다면 하물며 돈이라는 우상을 좇아 바벨탑을 쌓아 온 그가, 죽음을 앞두고 시달렸던 절박함은 마더 테레사의 고통, 그 이상이었지 않을까 싶다.

그런 그에게 단순, 적확한 답을 주어야 했다.

답은 이렇다.

인간은 원래 하나님이 믿어지는 존재가 아니다.
이 세상 신이 믿지 않는 자들의 마음을 혼미케 하기 때문이다.
이 세상 신이라 함은 불교계의 큰스님 성철이 만나고 고백한 사탄이다.

'사탄이여, 어서 오십시오, 나는 당신을 예배합니다. 당신은 본래 부처님입니다.' 1987년 석가탄신일 법어 中에서

그 부처님을 예배했던 성철스님은 세상을 떠나시기 전 고백했다.

'내가 무론 남녀를 속여 무간지옥에 떨어지니 내 한이 만 갈래나 되는구나.'

그 사탄과 동격인 마귀를 성경은 이렇게 규정한다.
'너희 아비 마귀, 욕심쟁이, 처음부터 살인한 자요, 진리가 그 속에

없으므로 진리에 서지 못하고 거짓을 말할 때마다 제 것으로 말하나니 이는 저가 거짓말장이요, 거짓의 아비가 되었음이라.'
'사탄도 자기를 광명의 천사로 가장하여, 그리스도의 영광의 복음의 광채로 나아가지 못하게 한다.' '그리스도는 하나님의 형상이니라.'
요한복음 8장 44절, 고린도후서 4장 4절, 11장 14절
그렇다. 그리스도는 하나님의 형상이시다.
창조주 하나님은 이천 년 전에 그리스도로 오셔서 자신을 똑똑히 드러내신 것이다.

이 믿음은 어디서부터 오는 것인가.
믿음은 들음에서 나고 들음은 그리스도의 말씀으로 말미암기에 '그리스도'에 대한 말씀을 들어야 비로소 믿음이 생긴다. 로마서 10장 17절
하나님을 보지 못하는 것이 우리의 한계나 우리 탓이 아니라, 그리스도에 관한 말씀이 아닌, 사람들이 늘어놓는 궤변을 너무 많이 들어서, 예수 그리스도를 믿는 믿음이 없는 이유이다.
그래서 당대의 최고 학자이자 사회적 엘리트였던 사도 바울은, 세상의 유전과 전통과 철학과 헛된 속임수로 노략질당하지 않도록 조심하라고 경고하였다.
이는 그리스도 앞에 나아가지 못하게 하는 배설물이요, 초등학문이라는 것이다. 골로새서 2장 8절, 빌립보서 3장 1~6절

또한, 세상의 현란한 언어나 위로의 말이 아닌, 그리스도와 십자가 외에는 말하지 않겠노라고 선언하였다. 고린도전서 2장 2절

그리스도는 메시아, 기름 부음 받은 자로서, 그는 본래 하나님의 본체 시나 하나님과 동등 됨을 취하지 않고, 이 땅에 대속주로 오셔서 십자가에서 죽으심으로 우리의 모든 죄를 도말하시고, 사흘 만에 부활하셔서, 지금 현재 부활의 영, 성령으로 우리와 함께 계시는 것이다. 에베소서 2장 8절, 요한복음 14장 16~20절

그 하나님을 지금, 만나고 느끼고 체험하고 싶은가.
예수 그리스도를 마음으로 믿고 입으로 시인하면 구원에 이를 뿐 아니라, 영접하는 자, 예수 그리스도, 그 이름을 믿는 모든 이에게 하나님의 자녀가 되는 신분과 권세가 주어진다. 요한복음 1장 12절

이 복음을 모르면, 신부라도 수녀라도 목사라도, 돈 많은 부자라도 예외 없이 하나님을 볼 수도 없고, 그분의 음성을 들을 수도 없어, 사주팔자, 업보라는 운명의 장난으로 무간지옥까지 끌고 가는 마귀에게 시달리고 눌리고 앓게 된다. 요한 일서 3장 8절, 사도행전 8장 4~8절, 마태복음 12장 43~45절, 베드로전서 5장 7~8절

성경에 부자가 천국에 가는 것을 약대가 바늘구멍에 들어가는 것에 비유했는데 부자는 악인이란 말인가?

하나님의 존재에 대한 근원적 질문 이후, 고故 이병철 회장은 부자였던 만큼, 부자다운 질문을 던졌다.
부자는 천국에 들어갈 수 없는 악인이란 말인가?
답은 '아니다'이다.

그렇다면 하나님은 거지 나사로만 특별히 사랑하시는가?
이 또한 '아니다'이다.

우선, 목회자로서 부자에 대한 나의 기준부터 밝히자면 이렇다.
지성, 감성, 영성을 두루 겸비하되, 돈을 버는 전문성과 돈을 쓰는 지혜를 동시에 갖춘, 성경적 부자를 진짜 행복한 부자로 정의한다. 이러한 정의를 설정한 데는 나름, 설득 가능한 근거를 토대로 한다. 즉, 지성이 없는 감성은 돈 가지고 엉뚱한 짓을 하기 쉽고, 감성 없는 지성은 돈을 권력으로 부리는 냉혈한이 될 소지가 있다는 것이다.
비록 감성과 지성을 두루 갖추었다 하여도 영성이 없으면 '어플루엔자Affluenza'로 명명되는 부자병에 걸리기 십상이다. 어플루엔자란, 풍성한 감성과 지성을 채울 길 없어, 분노조절 장애, 만성울혈, 우울증, 무력감, 과도한 스트레스와 피해망상, 막연한 불안과 두려움, 쇼핑 중독, 마약 중독 등에 빠지는 일종의 부자 정신병이다. 그래서 부자일수록 깊은 명상이나 요가 등으로 자신을 이기려 애써보지만 반복되는 숨은 문제로 시달리고 앓고 있다.
공식적인 루트를 통해 보이는 부자들의 모습은 대부분 '페르소나'라는 심리학적 가면을 쓴 모습이라고 보면 거의 틀림없다.

돈을 쓸어 담는 지식은 있는데 돈 쓰는 지혜가 없는 부자들의 말로는 감옥에 가거나, 해외로 도피하거나, 아니면 말년에 눈 뜨고 자식들 사이에 치고받는 '쩐의 전쟁'을 지켜보아야 한다. 아니면 예측불허의 돌출 행위를 일으켜 국내는 물론, 국제적 망신을 당하기도 한다.

'부자가 천국에 들어가는 것은 약대가 바늘구멍을 통과하는 것과 같다.' 마태복음 19장 24절
이 말씀의 진의는 부자들을 겁주려는 것이 아니라, 죽어서 지옥 가기도 전에 이미 이 땅에서 지옥 맛을 톡톡히 보고 있는 그들을 향하여 예수님이 긍휼함을 가지고 경고하신 것이다.

다시 말해서 천국에 들어가는 것이 불가능하다는 말이 아니라, 천국에 들어가기 위해서는 약대처럼 부풀려진 자신의 사상, 고집, 교만, 두려움' 스트레스 등, 수고하고 무거운 짐을 내려놓고 예수님을 따라가야 천국을 소유할 수 있다는 말이다.
천국이란 죽어서 가는 곳이기도 하지만, 이 땅에서도 충분히 누릴 수 있기 때문이다.
이렇게 말하면 부자들은 대부분 오해한다.
그럼 돈 가져다가 교회에 바치라는 것인가?
이 또한 '아니다'이다. 그렇게 말하는 목회자가 있다면, 일단 사기성 농후한 종교인으로 보면 된다.

그러고 보니 생각나는 일화가 있다.

국내 굴지 회사의 사장님을 남편으로 둔 귀부인이 강남의 모 교회를 다니고 있었다.

그런데 이 교회는 이백여 명의 교인들이 목사 중심으로 똘똘 뭉친 것까지는 좋은데, 꽤나 부유한 사람들로만 성도가 구성되어 있다 보니 매월 들어오는 십일조와 각종 헌금으로 값나가는 빌딩 두 층을 사서 전도와 선교에는 관심 없고 오직 집안 단속에만 급급하여 목사의 말 한마디가 하나님 말씀보다 권위가 셌다.

늘 설교 주제는 부자가 있는 것 안 내놓으면 지옥 간다느니, 나눔이 없으면 저주가 임한다느니 하는 것이었다.

그런데 그 나눔의 내용이라는 것이 명품 옷이나 장식품을 사면 꼭 두 개씩 사서 목사 가정과 나누라는 것이다.

순종이 제사보다 낫다는 목사의 설교에 눌려, 있는 돈 가지고 옷 한 벌 마음 편히 못 사 입을 뿐 아니라, 남편한테 선물로 받은 목걸이도 교회 갈 때는 빼놓고 가야 하는 스트레스가 이만저만이 아니었다.

지옥 갈 거라는 두려움이 천성적으로 착하고 여린 그분을 압박하고 있었다.
'목사에게 속지 말고 창조주 하나님의 자녀로서 신분과 권세를 당당히 누리라'고 조언하면서 성경에 기록된 멋진 부자들의 이야기를 들려주었더니 그 귀부인의 얼굴에 안도의 빛이 돌았다.

그렇다면 바늘구멍을 통과한 성경적 부자들은 누구인가.
예컨대, 가병 318명을 거느린 복의 근원 아브라함, 일 년 농사로 백 년 먹을 것을 거둔 이삭, 하나님의 축복 덩어리 거대 부자 야곱, 전 세계의 기근을 해결하기 위해 창고의 빗장을 연 요셉, 양치는 목동에서 이스라엘의 왕이 된 다윗과 그의 아들 솔로몬…….
신약시대에 이르러서는 전 교회를 먹여 살리고도 남을 만한 재력가 장로 가이오, 헬라의 왕족들, 이들을 상대로 비단을 납품한 여성 재벌 루디아, 당시 세계 무역에 눈을 뜬 청년 사업가 마가 등, 우상과 철학의 땅, 그리스 로마를 뒤집어 복음의 생명을 불어넣은 사도 바울의 동역자들은 성경에 기록될 만큼 엄청난 부자들이었다.

이들은 전문성을 가지고 재벌의 축복을 누렸을 뿐 아니라, 당시에 이미 세계화된 마인드를 가지고 있었다.

이것은 다름 아닌, 예수님의 지상 명령인, '모든 족속으로 가서 제자를 삼아, 온 천하 땅끝까지 복음을 전하라'는 지상 최고 명령을 가슴에 각인시킨 결과였다.

"오직 성령이 너희에게 임하시면 너희가 권능을 받고 예루살렘과 온 유대와 사마리아와 땅끝까지 이르러 내 증인이 되리라 하시니라." 사도행전 1장 8절

돈을 벌어야 할 이유가 자신의 부귀영화와 영광에 국한된 것이 아니라, 사람을 살리고 생명을 살리며, 후대를 키워서 아름다운 미래를 준비하고, 복음을 전하는 데 있다면 하나님은 반드시 '그가 살아계신 것과 상 주시는 이'심을 증명할 만한 증거를 주시겠다는 것이다. 히브리서 11장 6절

증인이란, 사실을 현장에서 보고 체험한 이를 뜻한다. 성경을 변질시킨 여호와의 증인 같은 그런 증인이 아니다.

살아계신 하나님의 부인할 수 없는 증거를 가진 부자는 멋있다. 자신의 욕심이나 야망의 충족에서 벗어나, 어둠과 캄캄함이 만민

을 가려버린 이 시대에 그리스도의 빛을 발하는 부자들. 이들의 마음은 늘 화창하고 희색을 발하며, 바다의 풍부와 열방의 재물들이 안겨 온다. 이사야 60장 1~9절

다시 말해서 하나님은 결단코 부자를 악인 취급하여 지옥 불에 던지시는 분이 아니라는 것이다.
오히려 부요함의 원천이시고 부와 영광을 흔들어 넘치도록 부어주시는 분이시다.

하나님이 기뻐하시는 자, 고레스 왕을 위하여 열국과 열왕이 그의 앞에 무릎 꿇게 하시고 험한 곳을 평탄케 하시며 놋문을 쳐부수고 쇠 빗장을 꺾어 흑암 중의 보화와 은밀한 곳에 숨어있는 재물을 주시는 분.
그분이 말씀하신다.

'너를 지명하여 부른 자가 나, 여호와 이스라엘의 하나님인 줄 알게 하리라.' 이사야 45장 1~3절
이것은 하나님의 자녀로서 구원받은 모든 이들에게 주시는 약속의 말씀이다.

이에 반하여 부의 원천을 사탄으로부터 부여받은 자가 곧 악인이다. 메시아, 그리스도로서 공생애 사역을 준비하기 위하여 40일 동안 주리며 기도하시는 예수님을 찾아온 마귀는, 예수님에게 천하만국과 영광을 보여 주면서 자신에게 경배하면 이 모든 것을 주겠다고 유혹한다.

누가는 마귀의 말을 이렇게 기록하고 있다.
'나의 원하는 자에게 주노라.' 누가복음 4장 5~7절
쉽게 말해서, 마귀의 심부름만 잘하면 부자 되게 하겠다는 것이다.

부자는 악인인가?
그럴 수 있다.

사탄에게 경배하고 사탄의 조종에 따라 사탄이 주는 부와 영광을 받은 자는, 결국 사탄이 만들어 놓은 올무와 음모에 걸려들어, 남을 죽이든지 자신이 죽든지, 남을 돌게 하든지, 자신이 돌든지……, 선택의 여지가 없다. 사탄의 주특기는 올려놓고 대책 없이 떨어뜨리는 것이니까.
끝으로, 부자의 밥상에서 떨어지는 부스러기를 먹고 개가 그 헌데

를 핥을 정도로 비루했던 거지 나사로. 그는 어떻게 천국에 갔으며, 왜 그토록 이 땅에서 비천하고 지질하게 살았는지 궁금하지 않은가? 누가복음 16장 19~31절

사도 바울은 명쾌하게 답해준다.
'영은 주 예수의 날에 구원을 얻으나 육신은 사탄에게 내어주었도다.' 고린도전서 5장 5절

하나님의 비밀, 그리스도는 하나님의 능력이고 지혜이며 하나님의 본체이시다.

열심히 예배당 다니고 봉사하고 선행하고 구제한다고 천국 가는 게 아니라, 믿음으로 가는 것이기에, 예수 믿고 구원은 받았으나 그리스도 이름의 권세를 사용하지 못하면 턱걸이 구원은 받지만, 불신자들이 보기에도 한심해 보일 정도로 비루하게 산다.

오늘날 오만한 부자들이 교회 안 다니는 이유로 들이대는 핑계 일순위가 바로 거지 나사로 같은 교인들의 행색이다.

어차피 그들은 영적인 눈이 멀어, 영적인 축복은 보지 못한 채, 모든 가치 척도가 세상적이고, 욕망적이고, 마귀적인 것이므로.

예수님은 왜, 그리스도로 오셔야만 했는가?

한 청년이 상담을 하고 싶다고 했다.
내용을 들어보니 어떤 사람이 결혼하자고 자꾸 조르는데 확신이 안 선다는 것이었다.

예수님도 죽은 자 가운데서 사흘 만에 부활하셨으니, 사흘만 침묵하면서 예수 그리스도 이름으로 기도하면 분별력이 올 거라고 조언해 주었다.

이후 그 청년의 결정이 재미있었다.

먼저 자신의 육신적 동기와 공허한 마음을 내려놓고, 자신의 내면을 철저히 점검한 후에 상대를 객관적으로 살펴보니 완전 가짜더라는 것이었다.

교회를 다녀도 자신의 정체성을 확립하지 못하면 늘 반복적인 문제에 끌려다닌다.

예컨대 이 청년처럼, 사랑을 받아 본 적이 없다고 생각하는 자괴감 속에 흑암 세력이 파고들어, 의미 없이 다가오는 무가치한 만남들 속에서 갈등하고, 헤어지고, 상처받고, 또 사랑이라는 이름으로 착각에 빠져 실패를 거듭하다가, 고통 가운데 시간 낭비하는 운명 속에서 벗어나지 못하게 된다.

사도 바울이 고린도 교회를 향해 경고한 대로 육신을 사탄에게 내어준 채 살아가는 것이다. 고린도전서 5장 5절
이런 종교인들은 늘 하나님을 오해하고 원망한다.
안 되는 문제, 안 풀리는 문제를 하나님이 주신 십자가라고 합리화하면서 회개의 진정한 뜻도 모른 채, 눈물 흘리며 가슴을 치거나 스스로 문제를 해결하려고 발버둥 친다.

결국, 불신자가 팔자대로 사는 것이나, 교회 다니면서 운명대로 사는 것이나 마찬가지다.
이렇게 되면 하나님이 이 땅에 오실 이유도 없고 예수님이 십자가에서 죽으실 필요도 없다.

복음을 단단히 오해하고 있는 것이다.
목사 말 잘 들어야 복 받고, 예배 빠지면 재앙이 올까 봐 두려워한다.
다시 말해서 예수님이 왜 그리스도로 오셔야만 했는지 그 이유도 모르고 막연히 교회만 다닌다.

이렇듯 복음이 약화된 결과, 복음으로 세워진 선진국들은 쇠락하고 있고, 지구는 거대한 정신 병동이 되어가고 있다.
어둠과 캄캄함이 만민을 가리고 있을 뿐 아니라, 흑암과 공허와 혼돈이 이 땅에 가득하다. 이사야 60장 1절
그런데 요한 사도는 왜 예수님이 그리스도로 오셨는지 밝히 말하고 있다.
'하나님의 아들, 예수 그리스도가 이 땅에 오신 것은 마귀의 일을 멸하려 하심이라.' 요한일서 3장 8절

진리이신 예수 그리스도만이 우리를 운명적 고통으로부터 자유케
한다.
우리 죄를 대신하여 사망하신 그리스도만이 사망의 문제를 해결하
고 생명을 준다.
하나님 만나는 길을 여신 참 선지자 예수 그리스도를 힘입지 않고는
이 땅의 그 누구도, 영이신 하나님을 볼 수도 없고 만날 수도 없다.

그러나 이 세상 신은 우리의 마음과 생각을 혼미케 하여 그리스도 빛
앞에 나아가지 못하게 한다.
그리스도는 곧 하나님의 형상이기 때문이다. 고린도후서 4장 4절

창세기 1장 2절, 흑암과 공허와 혼돈으로 가득한 이 땅에 어둠을 밀
어냈던 태초의 빛은 바로 창조의 빛이고 생명의 빛이다.

비록 세상의 어둠은 그리스도의 빛을 거절하고 조롱하여도 빛이신
예수 그리스도를 믿고 영접하면 하나님의 자녀가 된다.
하나님의 자녀가 된다는 것은 만왕의 왕으로 이 땅에 오신 예수 그
리스도, 창조주 하나님의 혈통을 이어받아 하나님을 아바 아버지라
부르게 되는 자격이 생겼다는 것이다. 로마서 8장 15절

이 사실을 믿고 자녀로서의 능력을 사용하면 날마다 재창조의 능력을 체험하게 된다.

육신으로는 다윗 왕의 혈통으로, 영으로는 창조주 하나님의 아들로 오셔서 죽음을 이기고 부활하신 예수 그리스도께서 성령으로 우리와 함께하시는 순간부터 우리는 왕의 자녀로서 고귀한 혈통을 계승하게 되는 것이다.

부활하신 예수 그리스도의 영이 성령으로 내주, 인도, 역사하시며, 왕의 고귀한 혈통을 지닌 하나님의 자녀로서 구하는 것마다 응답받는 것은 너무나 당연한 일이다.

창세기 3장 15절 여인의 후손으로 이 땅에 오셔서 사탄의 머리를 밟으신 메시아, 그리스도의 이름으로 기도하면 악한 영들이 무너지고 우리의 삶에 천국이 임한다고 마태는 성경에 기록하고 있다. 마태복음 12장 28절

고귀한 왕의 혈통, 창조주 하나님의 창조의 능력을 우리에게 주시기 위해 하나님의 아들 예수 그리스도께서 이 땅에 오신 것이다.

예수 그리스도를 영접하고 따라간 갈릴리 어부 출신 베드로는 왕의 혈통을 회복한 하나님의 자녀로서 자긍심을 회복하여 이렇게 천명했다.
'나는 왕 같은 제사장이요 하나님 나라의 거룩한 나라의 백성이며 빛을 전하는 하나님의 전권대사다.' 베드로전서 2장 8~9절
우리를 사랑하시되 끝까지 사랑하셔서 독생자 예수 그리스도를 이 땅에 보내주신 하나님을 찬양해야 하는 이유가 여기에 있다.

예수님은 왜 ─── 십자가에서 내려오지 않으셨을까?

어려운 사람들을 돕는 여러 단체들이 어느 날 처음의 좋은 마음을 잃어버리고 변질되거나, 심각한 한계에 부딪히는 것을 보게 된다.

내 자신 역시, 목회 초기에서부터 오랫동안 어려운 이들과 함께 공동체 목회를 해온 경험자로서, 진실되게 말할 수 있는 것은, 자신의 근본 문제, 즉 하나님 떠나서 형성된 자신의 기질이나 체질, 습관들의 변화 없이는 그 누구도 완벽하게 다른 사람들의 삶을 바꿀 수 없다는 것을 알았다.

그뿐 아니라, 나 자신마저도 극심한 정신적 고통을 겪어야 했다.
정신 문제 있는 사람들과 십 년 넘게 같이 살면 똑같이 시달리게 된다.
열 번 무조건적으로 잘해주다가 열한 번째 섭섭한 마음이 들어 화가 치밀기도 하고, 인내의 한계를 느껴, 갈등하기도 하고 방황하기도 했다.
그럴 때마다 믿음 없는 자신을 탓하며 더 큰 믿음을 얻기 위해, 금식기도, 철야기도, 산기도, 방언기도, 성경공부 등, 열심히 하기로 치면, 사도 바울 못지않았다.
그런데 상황이 좋아지기는커녕, 내면의 평안도 없이, 마음도 삶도 동시에 피폐해져 갔지만, 믿는 척, 되는 척하면서, 가중되고 반복되는 문제 속에서 착한 목회자로 살려고 발버둥쳤다.

지금 생각해보니, 자신의 숨은 문제도 못 바꾸는데 어찌 다른 사람의 문제를 해결해 줄 수 있었겠는가.

강남의 큰 교회, 존경받는 어느 목사님이 40년 목회 인생 중 한 가지 중대한 것을 깨달았다고 하신 적이 있다.
'사람은 절대 변하지 않는다'는 것이다.

사실 내 자신 역시, 그때는 그 목사님의 생각이 옳은 것 같았고, 안 되는 내 문제 앞에서 은근히 위안이 되기도 했다.
그러나 내면 깊은 곳에서 들려오는 질문이 있었다.
창조주 하나님이 살아계시고, 그 하나님이 역사하시는데 어찌 내 자신 하나 바꿀 수 없단 말인가.
'보라 이전 것은 지나갔으니, 이제 새것이 되었다'고 하는 사도 바울의 고백이 거짓이라는 말인가.
이러한 질문을 안고 기도로 무릎 꿇던 어느 날, 분명하게 온 확신이 있다.
복음의 위력은 변화에 있다는 것.

만왕의 왕, 창세기 3장 15절, 사탄의 머리를 밟아버린 원시 복음의 주인공, 메시아, 만유의 주이신 예수 그리스도를 믿는 믿음 없이는 절대로 인간은 변화의 역사를 체험할 수 없다는 것을 알게 되었다.

모든 사람은 예외 없이 하나님을 떠나, 죄 가운데 빠져, 사탄의 종노릇하며 운명과 팔자, 업보대로 살아간다. 이러한 근본문제로 인하여 반복적으로 찾아오는 문제 속에서 사람의 힘으로는 도저히 해결할 수 없는 한계에 부딪힌다.

이 문제를 뛰어넘을 수 있는 재창조의 역사와 부활의 능력을 하나님의 자녀인 우리에게 주시기 위해, 예수님은 온갖 조롱과 모욕과 멸시를 받으며 십자가에서 고난을 당하셨다.

이 사실을 지금 믿으면, 죽은 세포도 살아나고, 질병의 저주가 떠나가며, 우리를 사로잡고 시달리게 했던 정신적 고통에서 해방된다.

초대 교회가 행했던 십자가 보혈, 언약의 예배를 아무도 막을 수 없었을 뿐 아니라, 거대한 로마는 313년, 그리스도 앞에 무릎을 꿇었다.
이러한 증거가 오늘, 그대로 일어나고 있기에, 하나님은 구원 얻는 믿음을 소유한 우리를 통해 반드시 역사하사 부인할 수 없는 증거를 주실 것을 믿는다.

성경은 십자가 앞에서 슬픈 척, 머리를 흔들며 지나가는 사람들이 '네가 하나님의 아들이거든 자기를 구원하라'며 예수님을 모욕했다고 기록하고 있다.
자신의 구원과는 상관없이 착한 척, 가면을 쓰고 헛소리, 잡소리를 하는 부류들이다.

공생애를 앞두고 사십 주야를 금식하며 기도하시는 예수님을 찾아와 조롱했던 마귀는 "네가 하나님의 아들이거든, 성전에서 뛰어내려 봐라, 내게 경배하면 천하만국을 주겠다"고 속삭였다.
그때 예수께서는 말씀으로 마귀를 내어 쫓았다
"유월절 어린양의 피를 문설주와 인방에 발랐던 하나님의 사람을 사망에서 해방시키시고, 40년 동안 광야에서 만나와 메추라기를 먹이신 하나님이 지금 살아계시는데, 내가 어려운 문제에 직면하면 하나님이 책임지시지 않겠느냐?"

예수님은 자신의 능력을 단순히 굶주릴 때, 빵 만들어 먹는 육신적 수준에 사용하지 않으신 것이다.

자칭 하나님을 잘 믿는다고 하는 이들의 조롱은 가히 충격적이다.
대제사장, 종교 지도자들, 장로들도 예수님의 십자가 고난을 신나게 비웃고 있다.
'저 예수가 다른 사람들은 구원하더니, 왜 자신은 살리지 못할까, 하나님이 기뻐하시는 하나님의 아들이고 이스라엘 왕이라면 지금 십자가에서 내려와 봐라, 그러면 믿어주지.'

예수 그리스도 외에는 천하에 구원 얻을 만한 다른 이름이 없다는 사실은 주일 학교만 다녀도 다 아는 성경 말씀이다.
그런데 그리스도의 십자가 구원을 부인하면서, 부처에게도 공자에게도 심지어 철학에도 구원이 있다고 주장한다.
이들이야말로 이단이고 사이비다. 그리스도 십자가 능력을 약화시키는 마귀의 심부름꾼들이다.

평생 강도질하다가 인생 실패하여 십자가 위에서 죽어가는 주제에 예수님을 욕하는 왼편 강도는 주제 파악을 못 했다.
오늘날 처절하게 망하고 죽어가면서도 예수님의 십자가를 멸시하는 사람들을 많이 보게 된다.
반면, 오른편 강도는 자기 자신 속에 역사하는 거짓말쟁이, 욕심쟁이, 살인자의 영이 있었음을 인정하고 자신의 영혼을 예수님께 의탁했을 때, 그의 영혼은 예수님과 낙원에 있게 되었다.

예수님은 성경대로 이 땅에 오셔서 성경대로 죽으시고 성경대로 부활하셔서 성령으로 우리와 함께 계시기 위해서 십자가의 조롱을 침묵으로 이기셨다.
예수님이 십자가에서 죽으셔야만 말씀이 성취되어 우리의 그리스도가 되어주실 수 있기 때문이다.

그리스도란 기름 부음 받은 자, 메시아라는 뜻이다.
마귀의 일을 멸하신 만왕의 왕으로, 죄의 문제를 해결하신 대제사장으로, 하나님 만나는 길을 여신 선지자 그리스도가 되기 위해서는 반드시 십자가에서 죽으셔야만 했던 것이다.
마귀는 그리스도를 싫어한다.
그리스도의 영이 우리와 함께 하는 순간, 구원에 이르기 때문이다.
그래서 마귀는 끈질기게 십자가에서 내려오라고 예수님을 유혹한다.

예수님은 우리에게 자기 십자가를 지고 따라오라고 말씀하신다.
우리를 힘들게 하려고 하시는 것이 아니라, 자기를 부인하라는 것이다.
자신의 체질, 기준, 욕심, 숨은 동기 등을 예수 그리스도의 능력을 힘입어 무너뜨리라는 것이다.
자신은 죽고 그리스도만 사는 것, 이것이 곧 자신과의 영적 싸움이고 갈라디아서 2장 20절의 성취다.

영적 승리가 있어야 변화의 역사를 체험하게 된다.
그래서 사도 바울은 고린도 교회를 향해, 십자가의 도가 멸망 받는 자들에게는 미련하게 보이나 하나님을 믿는 우리에게는 능력이 된다고 증거하였다.
죽고자 하면 사는 것, 이것이 바로 하나님의 자녀가 승리하는 비밀이다.

광명한 천사로 위장하여 착한 척, 가면을 쓰고 박애주의로 사는 것 같지만 욕심과 동기로 복음을 약화시키는 종교 사상을 그리스도 이름으로 경계하라.
예배당만 그럴듯하게 지어 놓고 그리스도의 유일성을 거부하는 종교 다원주의를 예수 그리스도 이름으로 분별하라.

인생 가운데 답답하고 풀어지지 않는 문제 속에서 고통당하고 있다면, 자신 속에 역사하는 왼편 강도의 마귀 기질을 꺾어 버려라.
그래서 오른편 구원 얻은 강도처럼, 죽을 수밖에 없는 운명적 저주에서 해방되어 예수님과 동행하는 승리의 증거를 체험하라.

요한복음 8장 44절 마귀의 씨에서, 1장 12절 하나님의 자녀로 거듭나는 비밀이 여기에 있다.

만왕의 왕으로 오셔서, 사탄의 일을 멸하신 예수 그리스도를 영접하고, 성령을 힘입어 자신을 부인하는 영적 싸움 속에서, 오직 말씀 따라 사는 우리가 곧, 왕의 혈통을 이어받은 하나님의 축복덩어리다.

문화의 위대한 법칙은
하나님이 창조하신
모든 것을 공유하는 데 있다. 로버트 칼라일

The dance of
that led the c

문화를 움직이는
살로메의 춤

Salome
lture

문화를 움직이는
살로메의 춤

거대한 지구를 움직이는 힘은, 과학으로 일부는 증명되었다. 그러나 사람을 움직이는 힘은, 과학으로 증명할 길이 없다.
바로 이것이 문제다.
보이지 않는 힘에 대해 무지하면, 사람들은 이유도 모른 채 시달린다. 그저 사람이나 환경 때문에 받는 스트레스라고 생각할 뿐이다. 이 스트레스로 인해 자신이 미치거나, 남을 미치게 하거나, 자신이 죽거나, 남을 죽인다는 데 그 심각성이 있다.

그런데 성경에도 현대인의 스트레스 못지않게 시달리던 한 사람이 나온다.
예수님 시대의 분봉왕 헤롯인데, 그는 자기가 죽인 세례요한이 살아서 돌아다닌다는 환각 속에서 시달렸다.

헤롯의 정신병은 그가 자행한 살인으로 인한 것이었고, 그 살인은 그의 아내, 헤로디아가 자신의 불륜을 지적한 세례요한에 대해 품은 원한과 격동에서 비롯된 궤계였으며, 이 살인 계획으로 인해 세례요한의 목이 쟁반에 담겨 그들 앞에 바쳐지는 과정에서 가장 큰 역할을 해낸 것은 헤로디아의 딸, 살로메의 춤이었다.

요염하고 뇌쇄적인 살로메의 춤은 헤롯의 분별력을 헷갈리게 하였고, 그 결과 그는 살인자가 되었다. 그것도 하나님의 사람, 구원자로 이 땅에 오신 하나님, 메시아, 예수 그리스도의 길을 예비한, 중요한 선지자를 죽인 것이다.

그 현장에서 자칭 하나님을 잘 믿는다고 하는 제사장, 서기관, 바리새인들 또한 암묵적 동조자가 됨으로써, 세상 힘의 논리에 무릎 꿇는 오늘날의 타락한 기독교를 은유하고 있다.

춤추는 살로메, 그녀의 춤은 사탄의 지배를 받는 흑암 문화의 단면을 보여 준다.

악령에 잡혀 춤추는 것이 곧 무당의 춤이다. 눈에 보이지 않는 영의 세계는 성령 아니면 악령이지, 중간 영은 없다.

다시 말해서 하나님의 영이 아니면 불문곡직하고 악령인데, 이들은 오늘날 문화와 종교를 장악할 뿐 아니라, 사람들의 생각과 마음까지 지배하는 것이다.

이렇듯 악령에 잡힌 오늘날의 헤롯과 헤로디아, 살로메는 정치 권력과 문화 예술의 힘으로 한데 뭉쳐 하나님의 사람들을 파멸시키는 데 큰 힘을 발휘한다.

이 사실을 알고 깨어 일어나 복음의 빛을 발하는 것이 바로, 문화 개혁, 종교 개혁, 인생 개혁이다. 이는 한마디로 말해서 악령과의 영적 전쟁이다. 영적인 눈과 귀를 열어야만 가능한 전쟁이기도 하다.

그런데 중요한 사실은, 사람의 힘으로는 절대 안 된다는 것이다. 사탄의 머리를 밟아버리고, 마귀의 일을 멸하려, 만왕의 왕으로 이 땅에 오신 예수 그리스도, 그 이름의 능력으로만 가능한 일이다.

병든 세상
병든 이들을 위하여

'모든 곳, 모든 것' all을 뜻하는 'omni옴니'라는 단어에 난장판을 의미하는 'shambles쉠블즈'가 합쳐진 'omnishambles옴니쉠블즈', '총체적 난국'으로 해석되는 이 단어가 옥스퍼드대 출판사에 의해 '올해의 단어'로 선정된 적이 있다. 2012년 당시 편집자 주

한마디로 말해서 전 지구가 몸살을 앓고 있다는 말이다.
이는 육신적, 정신적, 영적 질병에 온 세상이 총체적으로 시달리고 있다는 말이기도 하다. 이럴 때일수록 사람들은 힐링에 매달린다. 치유를 위해, 회복을 위해, 그리고 공허한 즐거움을 위해, 사람들은 종교, 문화, 예술, 체육을 추구한다.

그러나 이들의 근간을 이루는 영적 실체를 들여다보지 못하면 치유와 회복은커녕, 문화, 예술, 종교의 배후에 똬리를 틀고 있는 사탄의 힘에 끌려 다니다가, 결국 스스로 돌든지, 돌게 하든지, 죽든지, 죽게 하든지 해서 사회적 혼란을 야기한다.
성경의 근거는 이렇다.
실낙원 이후, 아우 아벨을 죽인 최초의 살인자 가인의 피를 받은 아들 라멕은 아비로부터 대물림된 살인적 유전자에 의해 젊은이들을 살육한다. 창세기 4장 23절
바로 그 라멕의 아들 유발이 수금을 만들고 퉁소를 불어서인지, 실낙원의 유전자를 지닌 전 지구인은 퉁소를 불고 수금을 연주하여 에덴의 평화를 재연하려고 몸부림친다.

그 노력의 결과물은 문화 예술이라는 이름으로 승화되었다.
그래서인지 미친 문화일수록 사람들을 미치게 하는 매력이 있다. 이것이 바로 문화 예술의 근본적 타락을 설명하는 성경적 지적이다.
따라서 영적으로 타락한 문화에 영적 무방비 상태로 노출된 오늘날의 젊은이들, 후대들은 위험할 수밖에 없다.
따라서 우리의 시급한 소명과 사명 중 하나는 문화의 사탄적 코드를 그리스도의 코드로 전환시켜야 한다는 것이다. 이것이 바로 문

화 개혁이다.

그렇다면 문화 개혁의 중심에 누가 서야 할까.

문화 예술의 개혁 주체가 문화 예술인이 되어야 한다는 사실은 너무나 당연하다.

그러나 그들의 '끼'가 복음을 위한 강력한 열정으로 치환되기까지의 과정은 목회자의 몫이라 생각한다.

주체할 수 없는 끼의 발산이 하나님의 부르심, 즉 소명 의식으로 전환되고, 자신이 가진 전문성의 가치와 이유를 아는 복음적 사명자로 거듭나기까지의 과정에는 반드시 그들을 살려낼 생명적 메시지, 하나님의 말씀이 있어야 하기 때문이다.

목사와 의사의 공통된 사명은 치유에 있다.

다른 점이 있다면 의사는 과학의 힘을, 목사는 초과학의 힘인 예수 그리스도 이름의 권세를 의지한다는 데 있다.

조금 더 부연하면, 좋은 의사는 남의 것 잘 고쳐주면 그것으로 끝인 반면에, 목사는 저 자신부터 고치고 나서 반드시 그 증거를 가지고, 병든 세상, 병든 사람들을 치유해야만 진짜 목사라는 데 다른 점이 있다.

따라서 오늘날 교회 강단에서 선포되는 메시지는, 오직 사람을 살리는 메시지, 마귀에게 눌린 자들을 사도행전 10장 38절 자유케 하는 진리, 죽은 자를 일으키는 생명, 하나님 만나는 유일한 길, 창세기 3장 15절 이래로 계승되는 원시 복음, 즉 예수 그리스도의 유일성을 사수해야 한다.

에스겔이 보았던 골짜기의 마른 뼈들을 군대로 일으키는 힘은 분명, 여호와의 말씀이신 예수 그리스도의 유일성에 있음이 분명한데, 요즘 한국 교회를 영적으로 바라보면 또 하나의 '총체적 난국'임을 실감한다.
원색적인 복음은 교권을 내세운 종교주의와 세속주 앞에서 빛을 잃어버리고 성도들은 힘없이 두 손을 내려뜨린다.
썩고 문드러진 문둥병을 치유하기 원하셨던 예수님은, 총체적 마비로 고통받는 백부장의 젊은 종을 치유하시고, 원인 모를 열병에 시달리는 베드로의 장모를 고치셨다.
나아가 귀신들려 시달리는 병든 세상 속에서 신음하는 모든 사람들을 고치셨다. 이와 같이 총체적 질병의 근본적 치유는 예수 그리스도의 권세와 사랑에 있지 않던가.

문화 예술인들의 영적 각성을 말하기 전에 종교 개혁 아니, 목회자 자신의 인생 개혁부터 해야 하지 않을지, '개혁의 근본'에 대해 생각하게 되는 요즈음이다.

이 시대의 요구, 브리스가

이 시대의 부자들은 돈 버는 지식은 있는데, 돈 쓰는 지혜가 부족한 듯하다. 더욱이 먼 나라에 돈을 도피시켜놓은 부자들을 생각하면 웃음이 나온다. 써보지도 못할 돈은 왜 갖고 있는지…….
일단, 돈은 쓰는 데 그 맛이 있다는 게 소박한 내 소견이고, 사람을 살리고 후대를 일으키며 전 지구에 복음의 씨앗을 심고 경작하고 거둬들이는 데 써야 한다는 것이 돈에 대한 나의 원대한 개념이다.

지금으로부터 2,500년 전, 소크라테스도 나와 비슷한 생각을 했다는 게 흥미롭다.
'돈 쓰는 지혜가 있어야 그때부터 진짜 부자'라는 그의 부자 철학이 그것인데, 문화권 개혁을 소원하되 그 밑거름이 될 경제적 지지대의 필요성이 절실할 뿐 아니라, 개념 있는 부자들의 문화 예술 사랑이 문화권을 개혁하는 지름길이 될 수 있기에, 더욱 공감이 간다. 오늘날의 사회 구조상 돈에는 힘이 따르고 힘에는 영향력이 따라온다. 그 돈과 힘으로 사람들의 삶을 아름답게 바꾸고 문화를 가치 있게 창출할 수 있다면 얼마나 좋을까.

하지만 하나님의 사랑을 본질로 하지 않는 힘과 돈이란, 결국 사람을 교만하게 하고, 교만은 타락을 부추겨 패망의 선봉이 된다고 하였으니, 사람에 대한 본질적 사랑을 배제한 경제력이란 재앙에 가깝다.

따라서 우리가 받아야 할 기도 응답은 하나님이 약속하신 경제의 축복, 개념 있는 성공자, 돈을 어디에 써야 하는지 정확하게 알고 있는 지혜로운 산업인을 일으키는 것이라 할 수 있다.

프랑스를 문화 예술 공화국으로 만드는 데 일조한 문화 대통령 미테랑Francois Mitterrand이 문화 예술의 일선에 서 있었듯이, 문화 예술이 사람에게 미치는 영향력이 얼마나 인간의 삶을 아름답고 풍요롭게 바꿀 수 있는지를 인지한 복음적 성공자, 산업인이 많이 나와서 마음

껏 '돈을 써 준다면' 이보다 더 좋을 수는 없을 것이다.

더욱이, 악한 영의 조종을 받아 창작해 내는 사탄의 문화 예술이 오늘날 얼마나 많은 사회적, 정신적 폐인들을 양산해 내는지를 직시하고 한 맺힌 가슴으로 기도하는 산업인이 있다면 하나님은 반드시 그를 축복할 것이다.

이는 기독교사가 증거한다. 바울과 생명적 관계의 동역자로서, 복음 운동을 같이했던 브리스가는 로마 명문가 출신으로, 당대 주요 산업 중 하나였던 천막 짓는 사업을 남편과 함께 경영하는 산업인이었다. 오늘날로 치면 잘 나가는 사업체의 사모님이라고 할 수 있겠다. 다는 아니겠지만, 요즘 재벌 사모님들의 문화 예술 분야의 공헌이라고 한다면, 돈 되는 갤러리 운영이나 그림 사재기 정도라고 속단해도 되는지는 잘 모르겠다. 어찌됐든 분명한 것은, 브리스가는 확실히 달랐다는 것이다.

어둠을 밀어내는 빛, 예수 그리스도, 하나님의 말씀에서 비롯된 지혜와 능력이 아니고는 로마의 타락한 우상 문화와, 아집으로 딱딱하게 굳어진 유대 문화의 개혁을 이룰 수 없다고 결론 내린 산업인이었고, 인생 개혁, 문화 개혁 그리고 종교 개혁에 목숨을 걸었다. 요세푸스 유전에 의하면, 아굴라·브리스가의 대대손손이 유럽 사회에서 막강한 경제력과 사회적 지위를 누렸다는 설이 유력하다.

따라서 오직 복음만이 살 길이라고 결론 내린 산업인이 문화 예술의 아름다운 개혁을 꿈꾼다면, 하나님은 이렇게 축복하신다.
'내가 너보다 앞서가서 험한 곳을 평탄하게 하며 놋문을 쳐서 부수며, 쇠 빗장을 꺾고 네게 흑암 중의 보화와 은밀한 곳에 숨은 재물을 주어 네 이름을 부르는 자가 나 여호와 이스라엘의 하나님인 줄을 네가 알게 하리라.' 이사야 45장 2~3절

개혁만이
세계사적인 답이다

아담과 하와의 가정에 자녀 문제가 생겼다.
형 가인이 아우 아벨을 시기하고 질투하여 미워하게 되고, 그 미움이 피를 부른 사회 문제로 발전했다. 이후 가인의 후손들은 타락한 문화를 만들었고 네피림Nephilim 문화의 원천이 되어 결국 재앙의 시대를 불러온다.

야곱의 딸 디나는 이방 문화의 화려함에 빠져 히위 족속 여자들을 구경하러 나갔다가 세겜 땅에서 강간을 당하고 억류된다. 결국, 이 사건은 족속들과의 전쟁, 즉 지금으로 치면 나라와 나라 사이의 전쟁을 유발시킴으로써 피의 복수극을 촉발시켰다.
말하자면 지금 이 시대를 어지럽게 하고 있는 각종 문제는 에덴을 상실한 이후, 소크라테스 시대를 거쳐 오늘날까지 지속되어 왔다는 것이다.

그런데 우리 모두 눈여겨 보아야 할 것은, 가인의 문제는 종교의 타락이었고, 디나의 문제는 문화의 타락이라는 점이다.
창세기 3장 15절로부터 시작된 원시 복음의 비밀, 즉 희생 제물로 드려질 예수 그리스도의 보혈에 대한 가치를 잃어버린 가인의 종교 행위는, 서로 분노하고 죽여 버릴 만큼 증오를 낳았다.

이는 세계사가 증명한다. 타락한 종교, 가톨릭이 시대를 지배하던 중세는, 그래서 암흑시대라 일컫는다.
반면, 루터의 종교 개혁 이후로도 기독교라는 이름으로 얼마나 많은 분쟁과 마녀사냥이 있었던가를 생각하면 종교의 타락이 불러오는 결과에 소름이 돋는다.
또한, 벧엘에서 하나님이 주신 꿈과 약속을 상실한 야곱의 가문은 부패해버린 이방 문화의 유혹을 이기지 못하여 그 소용돌이 속에서 허우적대었다.
야곱의 아들 시므온과 레위는 화친을 가장하여 그들을 속이고 세겜 땅을 노략질하기에 이르렀고, 이는 가나안 족속과 브리스 족속의 대연합군이 쳐들어올 위기를 불러오기에 이르렀다.

타락한 문화에 휩쓸리면 자신을 통제할 힘을 잃어버린다. 거짓말은 난무하고 그로부터 오는 상처를 보상받기 위한 싸움은 계속될 터이다. 이것이 바로 타락한 문화가 가져올 엄청난 결과이다.

새해, 새날이 시작되었다.
지난날의 고통과 실패, 증오와 상실로 가득한 이 땅을 감싸듯, 풍성하게 눈도 내렸다.
새로 시작해야 한다.
무엇을 시작할 것인가.

바로 종교 개혁이고 문화권 개혁이다. 우리 후대들에게 서로 미워하지 말고 살인하지 말라고 가르치기 이전에 또 하나의 가인이 나오지 않도록 복음적 예배로 돌아가야 한다.

동시에, 그리스도의 유일성으로 결론 낸 이후, 최고의 응답으로 누려질 전문성, 이 전문성으로 사람을 살려내고 일으키는 문화를 창조해 나아가도록 후대들을 이끌어가야 한다. 이것이 바로 총체적 인생 개혁인 동시에, 세계사적 개혁의 시작이 될 것이다.

문화 예술의 힘자랑

문화의 힘이 세다.
팔로워 오십만을 자랑하는 어떤 문인은 강원도 산골에 묻혀 살지만, 정치권의 핵심 인사들이 줄줄이 문안 인사드리고 인증샷 찍기에 열을 올린다. 문화와 버무려진 정치적 야심, 대중의 입맛과 소수의 권위에 편승한 문화의 힘을 바라보는 심정이 다소 혼란스럽다.

어디 그뿐인가.
문화의 힘이 정치와 사회를 리드한다. 청소년의 정서를 망친다는 이유로 금지곡이 되었던 싸이의 야한 노래들은 세계 굴지의 방송에서 대한민국을 알렸다는 이유로, 열화 같은 여론에 밀려 금지곡에서 공식적으로 풀려났을 뿐 아니라, 정부로부터 옥관 문화 훈장까지 받았다. 날이 갈수록 사람들의 정서는 메말라가는 것 같은데 문화의 힘은 강력해진다.

인생을 좀 살아 본 사람들은 안다.
전에는 나름대로 문화 예술 안에 인간 심성의 깊이와 품위와 성찰이 느리게 흐르고 있었다. 요즘은 빠르게 달리고 얄팍하게 내뱉고 쌈빡하게 튄다.
그래서 문화 예술 주도자들은 어떻게든 쉽게 변하는 대중들의 입맛에 신속히 맞추려 든다.
그런데 이렇듯 가벼운 문화 사회적 경향을 거부할 수 없다는 것이 영적인 것에 포커스를 맞추고 진중하게 나아가야 할 현대 교회의 딜레마이다.
예를 들면 한참 인기를 끌고 있는 오디션 프로그램의 아류를 도입한다든지, 성경은 제쳐두고 영화 스토리로 설교를 한다든지, 연예인 초청 집회나 상담 심리 프로젝트를 활용한다든지, 그 형태도 다양하다.
말하자면 교회의 문턱을 낮춰보자는 몸부림인데, 그러다가 자칫, 교회 안에서 영성은 희미해지고, 하나님의 말씀은 문화라는 이름으로 버무려져서, 감히 문화가 진리를 압도할까 조심스럽다.
오늘날 교회 안에서 문화 예술적 내용이 개혁되어야 한다는 것에는 누구나 동의하지만, 그 구체적 방법론과 실제적 내용에 있어서는 오락가락하는 이유가 여기에 있다.

문화권 개혁을 놓고 깊이 기도하는 목회자로서 오늘날의 교회가, 문화 예술의 방향과 성향을 주도하는 연금술사들, 대중의 말초신경을 어떻게 자극할 것인지 완전 통달한 그들의 전문성 앞에서, 지루하고 고루하고 짜증나는 교회로 전락해 버리지는 않을까 염려스러울 때도 있었다.

그런데 이런 생각이야말로, 우선 눈에 보이는 것에 기죽고 힘 떨어지고 팔을 늘어트리는 불신앙에서 비롯되었다는 것을, 현장에서 만나는 문화 예술인들의 삶, 그리고 목사로서 자신의 믿음을 돌아보는 깊은 기도 후에 깨달았다.

문화 예술이 대중에게 말하고자 하는 진리는 다양하고 복잡하고 때로는 화려하지만 핵심이 빠져 있다.
반면에 성경적 진리는 단순하고 쉽고 단호하고 알차다.
다시 말해서, 복음에 뿌리를 두지 못한 문화 예술은 명실공히 공허하여, 그 문화 속에 길들여진 사람들의 삶은 심히 고독하고 우울하고 쓸쓸하다는 것을 전도 현장에서 확인했다는 말이다.

부초처럼 뿌리가 없으면 꽃도 없고 열매도 없지만, 다양하고 기름진 문화 예술적 뿌리, 즉 전문성이 있으면 반드시 꽃은 핀다.

그러나 복음 없는 문화의 꽃은 열매가 없다. 열매는 사람이고 생명이고 힘이고 평화이며 사랑이다. 잎은 무성한데 열매가 없던 무화과나무가 예수님의 책망을 받았듯이, 오늘날 문화 예술인들의 말로는 대부분, 화려한 조명 뒤에 불 꺼진 객석의 정적만큼이나 어둡고 고독하고 우울하다.

따라서 오늘날의 교회는 이럴 때일수록, 가인의 후예들이 만들어내는 타락 문화, 그래서 결국 개인의 재앙을 불러오는 흑암 문화를 막는 강력한 복음 문화로 무장되어야 한다.

절대로 사회적 통념에 버무려지지 않는 진리, 예수 그리스도만이 답이 된다는 진리의 깃발을 세우고 있으면, 꽃은 피웠는데 열매가 없는 인생으로 전락한 문화예술인들이 찾아온다.
한 사람……, 문화 예술계의 유력한 한 사람이 복음으로 힘을 얻으면, 이것이 곧 문화 개혁이다.

스토리의 힘이
문화 예술의 힘이다

문화 예술의 콘텐츠가 되는 스토리는 인간의 생각에서 나온다. 사람이 생각하는 것이 바로 사람의 삶을 결정하듯이, 문화 예술이 말하는 스토리는 이를 접하는 사람들의 삶을 만들어내는 데 중요한 요소로 작용한다.

그런데 요즘 문화 예술계가 스토리의 부재로 인해 고민한다고 한다. 사회는 더욱 복잡해지고 이론은 더욱 무성해지며, 외면적 삶의 형태는 더욱 다양해지는데 왜 스토리는 고갈되어 가는 것일까.

스토리의 고갈은 곧 생각의 고갈이다.

뭔가를 사유하고 묵상하기엔 사회의 흐름이 너무 빠른 탓도 있지만, 지구가 하나 되는 시스템, 즉 SNS로 대변되는 지구적 소통 방식은 사람들의 사고를 획일화시켰다.

동양의 사고는 서양의 사고에 밀려 다소 촌스러운 것으로 치부되어 왔고, 한국적 사고는 미국적 사고에 휩쓸려 내면을 중시하던 그전과 달리 외양 중심적 사고로 변화하는 가운데 정체성 부재의 양상을 보여 온 것이다.

그런데 요즘 주목할 만한 현상 가운데 하나는, 전 지구적 지성의 향방을 결정한다고 해도 지나침이 없는 미국의 아이비리그 대학에서 '공자 왈 맹자 왈'은 물론, 동양 철학, 말이 좋아 동양 철학이지 샤머니즘이 확산되고 있다는 것이다.

이는 서양 사상이 주도해 왔던 교육 치유, 문화 예술 산업의 분야에서 한계를 드러냈다는 반증이기도 하다.

국내의 출판계에서는 힐링 스토리가 판을 치더니 힐링을 주도하던 종교인은 자신의 힐링을 위해 다시 산으로 들어가 버리고, 교육 분야에서는 진보와 보수가 교육과정을 가지고 기 싸움을 벌이더니, 양

쪽 모두 학생들의 삶에 아름다운 스토리를 제공하는 데는 실패하고 있는 것 같다.

문화 예술 또한 막장 스토리, 벗기기 스토리, 말초신경 스토리, 뱀파이어 스토리가 주류를 이루더니, 가만히 두어도 흘러가는 자정自淨의 원리, 즉 정반합正反合의 이론에 따라 요즈음은 일각에서 스스로 자성의 목소리를 높이고 있다.

다시 말해, 여과 없이 받아들인 서양식 사고의 유행들이 국내에서 그 한계를 드러내고 있는 가운데, 미국에서 붐을 일으키고 있는 동양 철학, 그것이 순수 철학에 그치지 않고 신비주의를 덧입혀 유행하고 있다 하니, 무속·점술 문화가 역수입되는 것은 아닌지, 경계 태세를 가지고 지켜봐야 할 일이다.

상당히 믿을 만한 정보에 의하면, 미국의 컬럼비아 대학에서는 영적인 실체에 대해 과학적으로 연구, 규명하기 위해 동양사상, 주로 인도, 중국, 티베트에 산재한 무속인들의 사상과 행위를 그대로 받아들여 커리큘럼을 운영하고 있다고 하니, 조만간 무당과 점술, 귀신 문화가 인류의 지성과 감성에 파고들어 영성을 파괴시키리라는 확신이 든다.

이렇듯 영적으로 부정ᅐ精한 스토리들이 교육 문화 예술에 확산될 때 가장 큰 피해자는 우리의 후대들이다. 영적인 혼돈 상태에 이르면 왜 망하는지, 이유도 모르는 채 삶이 무너진다.

이를 막기 위해 우리는 출판 산업에도 관심을 가져야 할 것이다. 문학이 만들어내는 스토리가 춤이 되고, 미술이 되고, 영화, 영상, 연극, 노래를 만들어 낼 뿐 아니라, 교육과정의 일부가 되어 생각의 변화와 개혁을 주도할 수 있기 때문이다.

요즘, 복음적 잡지, 책, 신문 등, 문서 사역에 동참할 것을 촉구하는 이유가 여기에 있다.

문화 예술 올바르게 바라보기
아날로그와 디지털의 사이에서

인쇄술을 발명한 구텐베르크 Johannes Gutenberg 이래, 한 국가가 책을 대하는 태도에 따라 그 국가의 품위는 결정된다고 한다.

맞는 이야기다. 그래서 출판문화가 중요하다.
음악 미술은 물론, 체육 또한 활자 없는 기능의 전달에는 한계가 따른다. 입에서 입으로 구전되어 온 문화 예술 영역이 어느 날 사라져 버리는 이유가 여기에 있다.
그런데 요즈음, 활자는 죽어가고 영상이 발전한다. 다시 말해서 종이책은 쇠퇴하고 스크린이 문화 예술 영역을 장악했다. 이러한 현상 앞에서 막연히 종이의 향수에 젖어 있어야 할 것인가. 아니면 재빨리 시류를 타고 눈치 빠르게 움직여야 할 것인가에 늘 갈등을 느낀다.

특히나 종이책 냄새를 맡으며 감성을 키워온 우리 세대는 전자 기기에 매달려 있는 어린이들을 볼 때마다 걱정이 앞서기도 한다.

요즘 대두되고 있는 어린이들의 시력 문제, 척추 이상, 발달 장애 등, 물리적 장애 현상이 아니더라도 재빠르게 움직이는 이미지를 따라 그들의 두뇌가 움직이다 보면, 깊은 이해와 수용의 미덕을 잃어 심리적으로나 정신적으로 미성숙아를 만들어내지 않을까 하는 우려는 이미 논의되어 오고 있다.

디지털 혁명의 대명사이자 애플 신화의 창시자, 스티브 잡스Steven Paul Jobs 신의 경지에 올랐던 그의 사생활이 베일에 감추어져 있어, 당시는 알 수 없었지만, 나중에 알려진 바로는, 자기 아들에게는 아이폰 접근 금지령을 내렸었다고 한다.

자녀들을 위한 선물 1순위로 자회사의 제품을 강력하게 추천했던 그의 이미지가 떠올라 자칫 배신감마저 들려 한다.

어쨌든 그가 만들어 낸 디지털 창작의 세계는 종이책에서 얻은 무한

한 상상과 창의력, 그리고 감성과 인내로부터 비롯된 것이었다. 그런데 역설적으로 그가 만들어낸 디지털의 세계가 종이책의 세계를 잠식하고 있는 것이다.

그렇다고 해서 우물 안 개구리 식으로 새로운 방식의 문화 세상을 혼자만 애써 부정하고 앉아있을 수만은 없다. 어떻게 하면 디지털의 민첩함과 톡톡 튀는 개성을 살려주되, 종이책의 품위 속으로 우리의 후대들을 인도해 갈까 하는 고민은 우리의 몫이 되어야 한다.

따라서 구태의연한 디자인과 컨셉으로 지루하게 이야기를 늘어놓고서 읽기를 강요해서는 안 된다.
이제 시작한 출판사의 발행인으로서 개인적으로 갖고 있는 자각이고 다짐이기도 하다. 이러한 다짐은 기독교 출판문화의 혁신으로부터 실천할 수 있기를 소망한다.

출판을 시작하면서 깨달은 게 있다.
과학의 세계든 디지털의 세계든, 이 모두가 상상과 창작의 산물이고, 이러한 것들의 속성은 창조에서 비롯된다.

창조……, 그것은 하나님의 몫이고 그 창조로부터 아이디어를 얻어 모방하는 것은 우리의 몫이다. 하나님의 창조에 대한 인간의 모방이 창작임을 알았다. 이 사실을 깨달은 순간, 아날로그와 디지털 사이에서 일어났던 갈등이 사라졌다.

그럼에도, 아날로그 종이책을 대하는 그대의 자세가 그대의 품위를 결정할 거라는 논지는 여전히 유효하다.

문화, 그 세계는 넓고
할 일은 많다

경영 전략 용어 중 널리 회자되는 '블루오션Blue Ocean'이란 용어가 있다. 무한 경쟁의 세계에서 치고 올라가야 할 수많은 경쟁자를 떠나 새로운 세계로 눈을 돌려보자는 것이다.

다시 말해서 산업혁명 이래로 기업들이 끊임없이 거듭해 온 경쟁 원리에서 벗어나, 발상의 전환을 통해 고객이 모르던 전혀 새로운 시장을 창출해야 한다는 이론으로서, 매력적인 제품과 서비스를 통해 자신만의 독특한 시장, 곧 싸우지 않고 이길 수 있는 시장을 만들어 내는 전략을 말한다. 두산 백과사전 참조 이런 관점에서 볼 때 문화의 영역 또한 기업의 장 못지않게 치열한 '레드오션Red Ocean'이라 할 수 있다. 어찌 보면 문화의 세계라는 게 다양한 반면, 틈새를 만들고 창출해 내기엔 이미 각 분야의 콘텐츠 측면에서 정점에 이르렀다는 생각이 들기도 한다.

그 한 예로서 영화 산업의 위기가 바로 스토리의 부재에 있다고 말하는 데서 그 근거를 찾을 수 있다.

또한, 연속된 히트 상품으로 혁신적 기업을 이끌어 가는 스티브 잡스의 말대로 '그냥 뛰어난 인재보다 10배 더 뛰어난' 무엇인가를 창출해 내지 않으면 '푸른 바다'는 구경도 못 한다.

그렇다면 오늘날 하나님을 믿는 기독교인으로서 우리의 문화는 어떠했던가.

역사 이래로, 발전을 거듭해 온 문화 체육 분야는 인간의 삶을 풍요롭게 하고 건강하게 하며 아름답게 하는 중요한 요소로서 '인간을 인간답게 하는' 그래서 동물과는 극명하게 차별되는 삶을 영위할 수 있게 한 이면에, 가인의 후예들이 만들어내는 사탄의 문화는 지극히 말초적이고 동물적인, 그래서 각종 사회 문제를 만들어내는 진원지가 되어왔다.

더욱 안타까운 것은 기독교 문화라 이름 붙여진 대부분의 콘텐츠가 지극히 촌스럽고 어정쩡해서 엘리트 문화를 추구하는 이 시대에 심히 뒤떨어져 있다는 것이다. 이는 인정하고 싶지 않은 불편한 진실이다.

하나님은 창조주이시고 최초의 디자이너시며 아름답고 빛나는 문화, 우리를 감격하게 하는 문화의 주인공이신데도 말이다.
이 시점에서 진짜 복음을 가진 우리들이 하나 되어 일어나 해야 할 일이 있다. 문화 체육 선교 전략과 더불어 전문인 발굴 육성 프로그램 개발이다.
이 일환으로서 다소 느린듯하지만, 실속 있는 문화 사업을 시작해 보려 한다. 질이나 디자인 면에서 뒤떨어지지 않는 읽을거리 발간, 전문인 프로모션 창립 등……, 할 일도 많고 시장도 넓지만, 피나는 레드오션의 세계에서 어떻게 기존의 틀을 깨고 나아가야 할지 사실은 기도가 필요한 대목이다.
할 일 많은 세상을 향해 나아가되, 경직되고 촌스러운 기독교 문화의 구태에서 벗어나, 하나님이 주시는 재창조의 능력으로 푸른 바다를 향해 멋있게 가고 싶다.

깊이 있고 세련된 기독교 출판문화 세우기
모세와 다윗, 누가를 찾아서

그저 밥 세 끼 먹는 수준 이상의 삶, 다시 말해서 상식 이상의 삶을 추구하는 사람들의 생각을 읽으려면 일단 서점에 가보면 된다.
종이책 시장이 급속히 힘을 잃어가고 있다고는 하지만, 대형 출판사들의 마케팅 전략을 보면 놀라울 정도로 전문적이고 세속적이다.

물론 그중에는 확고한 출판 철학과 신념을 가지고 상식 수준 이상의 인간으로서 가져야 할 사고의 질, 나아가서는 반드시 후대에게 계승되어야 할 정신적 문화유산을 고집스럽게 주장하는 이들도 있다.

반면에 거대 자본을 가지고 출판계를 움직일수록 잇속에 밝아서 힘들 이지 않고 돈으로 돌아오는 번역서나 말빚에 불과한 유명인들의 자기 계발서, 정치인들의 자기 찬양 대필 저서로, 후대 작가 발굴 양성보다는 음지의 유령작가들만 양성하고 있다는 오해를 받기도 한다.

기독 출판계도 이와 크게 다르지 않다.
다소 뒤처지는 디자인 감각과 진부함 속에서도 그나마 교회의 성장에 기대어 별 탈 없이 유지해 오던 기독 출판문화 시장에 예사롭지 않은 냉기가 흐른다.

기독교 출판문화를 대표하던 서울의 기독 서점 거리를 가보면 체감 온도가 절실하다 못해 쓸쓸하다. 심지어는 기독 서점에서 건강식품을 팔 정도라고 하니, 살아남으려는 몸부림이 안타깝다.
이러한 기류에 따라 기독 출판물도 우리나라 두어 개 대형서점이나 인터넷 출판 시장의 한 코너에 불과할 만큼 그 자체로의 존재감을 잃어버렸다.

그럼에도 일 년에 약 1,400권, 한 달에 100권 넘는 기독교 관련 신간이 쏟아져 나온다는 사실을 그 누가 알까.

그중에 통상 10%만 살아남는다고 하지만 그 또한 대형 교회와 거대 출판사를 배경으로 둔 설교자나 작가에 국한되는 얘기다. 다시 말해서 저변에 묻혀 있는 작가의 발굴은 미흡하기 짝이 없다는 것이다. 그도 그럴 것이 생각 없이 찍어 내는 책 말고, 공들여 책 한 권이 인쇄되어 나오기까지는 엄청난 수고와 비용이 든다는 것은 그 일을 해 본 사람은 안다.

그러고 보니 웬만한 배경 없이는 아무리 숨은 글재주를 가지고 있어도 등단 및 출판의 기회는 물론, 10% 안에서 살아남기란, 거의 낙타가 바늘귀에 들어가는 수준이다. 그 중에도 자본의 재창출로 이어지는 책, 쉽게 말해서 출판사에 이윤을 남겨주는 책은 그 미만일 것으로 추측된다.

이런 상황에서 기독교 출판문화 진흥을 위한 신생 작가 발굴 육성이나 스토리 생산을 위한 노력에 자본을 투자하기란 쉽지 않다.

그럼에도 기독출판 문화의 진흥은 시대적 요청이고 하나님의 소원이다. 자기 인생 스토리를 늘어놓는 간증집이나 거의 녹취 수준의 설교집이 아닌, 진실로 성경을 성경으로 풀되, 오늘날의 언어로 치환해 주는……, 시처럼 아름답되, 수필처럼 쉽고, 소설처럼 구성이

탄탄하되, 한 편의 영화처럼 독자에게 다가가는 신학 서적이 필요하다.

'애굽 사람의 학술을 통달하여 그 말과 행사가 능하였던' 젊은 왕자 모세, 73편의 시로 정확히 하나님 나라를 설명했던 다윗, 미증유의 아름다운 문장으로 질서 정연하게 구성된 사도행전의 저자 누가. 이들을 찾아서 투자해야만 다소 지루한 기독교 출판문화가 비로소 세련된 문화로 개혁되어 독자들의 사랑을 받을 수 있다.

문화 개혁을 위한
하나님의 용사가 필요하다

오늘의 타락한 문화 시대를 일컬어 네피림의 시대라고 혹자는 말한다. 네피림의 의미는 분명치 않으나, '떨어지다'를 그 어원으로 하여 유추해 볼 때, '타락한 자', '습격하는 자' 또는 '장대한 자', '용사', '이 땅에 분을 내며 떨어진 자' 등의 의미로 해석할 수 있다. 창세기 6장 4절, 민수기 13장 33절, 요한계시록 12장 7~9절

이러한 맥락에서, 이 땅의 문화는 하나님을 대적하고 무시하는 사탄의 문화로 전락하였고, 이러한 문화 배경 속에서 용사, 즉 거인들이 일어나 이 시대는 말세 현상으로 치달아 가고 있다.

그렇다면 이 시대, 네피림의 용사들은 과연 누구를 상징하는 것일까? 이른바, 정사와 권세 잡은 자들, 정치, 경제, 사회, 문화 등 각 분야에 걸친 최고의 거장들, 인본주의, 혼합주의, 황금만능주의, 종교다원주의, 신비주의로 사람들의 정신세계를 장악하여, 멸망의 길로 끌고 가는 자들로서, 가장 경계하고 제압해야 할 영적 싸움의 대상들이다.

지금은 인터넷과 모바일 기술의 혁명적인 발전에 힘입어 무한한 정보를 빠르고 손쉽게 개인이 소유할 수 있고, 개인의 정보를 전 세계 모든 사람들이 공유하게 만들 수도 있는 시대이다.

공간의 모든 경계를 허물고 전 세계를 하나로 묶는 인터넷 환경은 자연스럽게, 힘센 자만이 살아남아 모든 것을 독식하는 세상으로 만들어가고 있을 뿐 아니라, 각 분야를 선점하고 있는 귀신 문화의 용사들은 자신들의 힘과 영향력을 한층 더 강력하게 확장시키고 있다.

이렇게 막강해진 그들의 영향력 아래 있는 대중들은 자신노 모르게 귀신 문화에 젖어 들어 영적 혼란 속에 수많은 범죄와 타락, 질병과 정신 문제 속에서 고통을 받게 된다.

그렇다면 세상의 문화를 장악하고 있는 이 용사들을 누가, 어떻게 제압할 것인가? 사탄의 힘을 수혈받은 용사들이 하나님의 힘과 지혜에 도전하는 위기의 시대 시대마다 주의 강한 용사들이 있어 났으니 그들이 곧 성경 속의 거룩한 씨, 그루터기다. 이사야 6장 13절

흑암 문화로 점철된 초강대국 애굽과 정면 승부로 대결하여 승리한 모세, 하나님을 무시하는 그 시대의 거물 골리앗을 단번에 꺾어버린 다윗, 바벨론 최고의 박수와 술객들보다 열 배나 뛰어난 지혜로 바벨론의 우상 문화와 대결했던 다니엘과 세 친구, 생명 건 그리스도의 제자들과 함께 로마를 굴복시킨 바울이 곧 그들이다.

이 밖에도 구약에서 신약에 이르기까지 위기의 시대를 막아낸 하나님의 용사들은 얼마든지 있다. 그들은 모두 그 시대의 누구도 막을 수 없는 독보적인 존재였고, 누구도 넘볼 수 없는 완벽한 능력을 하나님께로부터 부여받았다.

하나님을 조롱하고 멸시하는 각계의 용사들이 세상을 장악하는 오늘의 시대 속에서 절대 강자로서 그들을 압도하는 능력과 지혜는 최고의 복음으로부터 시작된다.

성경 속에 나타난 최고의 복음, 그리스도. 이 그리스도의 권세를 가지고 최고의 기도를 시작해야 한다.

그러면 반드시 일어날 하나님의 증거로서 이 시대의 렘넌트, 사탄의 문화를 그리스도의 문화로 완벽하게 개혁시킬 주의 용사들이 전 세계 곳곳에서 일어나, 그리스도 안에서 한 팀으로 세워질 때, 이 땅의 문화는 하나님의 문화로 회복될 것이다.

불안한
사회의 문화 기현상, 판타지

문화 콘텐츠는 시대를 반영하는 거울이라 할 수 있다.

이데올로기라는 거창한 용어까지 언급하지는 않더라도, 문화 예술이 보여 주는 스토리텔링이 사람들의 정신세계나 가치관을 반영한다는 데는 반론의 여지가 없을 것이다. 이러한 현상이 두드러진 것이 바로 요즘 방영되는 TV 드라마나 오락 프로그램이다.

예컨대, 붕어빵 속에 붕어가 없듯이, 역사극 속에는 정통 역사가 없다. 작가의 방식대로 역사를 이끄는 내러티브, 즉 미시적 서사가 있을 뿐이다.

역사적 인물에 대한 탐구에 작가의 상상력이 끼어들기도 하고, 심지어 판타지 서사 기법이 가미되어 주저함 없이 현재와 과거를 넘나들면서 역사를 왜곡하거나 변질시킨다.
그렇다고 해서 이를 지양하고 정통 역사 서술 방식만으로 스토리를 이끌어 간다면, 아마 그 드라마나 영화는 시청자나 관객으로부터 차갑게 외면당할 것이다.

이러한 맥락에서 문화 예술 콘텐츠의 딜레마를 읽을 수 있다.
예술성과 상업성. 이 둘 사이에서 문화는 갈등하고 시대는 불가항력으로 어느 한쪽을 선택하는데, 당시의 가치관이나 이데올로기에 따라 예술성이 흥하기도 하고 때로는 상업성이 이기기도 한다.

상업성이란 오락성이라는 말로 바꿀 수 있다. 대중이 좋아하는 것, 쉽게 말해서 돈 되는 것, 이 안에 함정이 있다는 사실에 우리는 주목해야 한다.
삶이 힘들수록 대중문화는 사람들을 멍 때리게 한다.
현실에서 맛볼 수 없는 것에 대한 대리 만족, 그런데 그 끝이 공허라는데 문제가 있고, 그 문제의 결과가 혼돈이라는데 심각성이 있다. 판타지가 나쁜 것이 아니라, 판타지 속에 숨겨진 흑암 세력에 대한 영적 민감성이 없으면 사람들은 과거와 현재 속에서 심한 혼란을 느낀다. 그러다 보면 현실을 회피하고 지금의 자신을 부정하려 든다.

이러한 현상을 영적 무기력, 무능, 무감각이라 부르는데, 이는 틈새로 스며드는 독가스처럼 사람들의 영과 혼과 육을 마비시킨다.

부연해서 설명하자면, 오락성이 뛰어나 대중으로부터 사랑을 받는 문화 콘텐츠는 어마어마한 경제력을 창출하게 되고, 이는 문화, 예술 주도 세력들로 하여금 사실을 부정하고 진실을 왜곡하고자 하는 유혹의 늪으로 걸어 들어가게 만든다.

따라서 이러한 문화 예술 주도 세력이 대중을 우민화시킴으로써, 대중은 판단력과 분별력을 잃게 되고 자신도 모르는 사이에 잘못된 기득권 세력의 힘을 강화시키는 데 일조한다. 그 문화 강자는 날이 갈수록 더 큰 힘으로 자라나, 이 악순환의 고리는 계속될 것이다.

이것이 바로 성경에서 밝히는 네피림이다.
귀신들이 창궐한 세상, 그들이 창출하는 흑암 문화는 결국 이 땅을 소돔과 고모라로 만들어 버린다. 이 악순환의 고리를 끊는 것이 바로, 아름다운 기독 문화 개혁의 목표이다.

그런데 지금의 기독교 문화 예술의 현실은 어떠한가.
우리나라 인구의 4분의 1이 기독교인이라는데, 기독교 채널을 한 번만 고정시켜 보면 오늘날 기독 문화의 실정을 여실히 보게 될 것이다.

예술성은 애초에 없고, 세상 문화를 흉내 내는 오락성은 사뭇 세련되지 못했음을, 아프지만 인정해야 한다. 그렇다고 해서 완전 복음, 원색적인 복음으로 하나님과 사람들의 마음을 시원케 하는 것도 아니다. 한마디로 볼 게 없다.

너무나 극단적 평가인가?
여기에 이의를 제기하는 문화 예술인이 있다면 꼭 만나보고 싶다. 우선은 기독교 문화 콘텐츠에 대한 긍정적 평가를 들어보고 싶고, 그 생각이 진실로 타당하다면, 아름다운 기독교 미래 문화를 향해 가는데 아낌없는 동역자가 되고 싶어서이다.

생명 있는 문화가 이긴다

영화 〈변호인〉이 큰 울림을 준 적이 있다.
그 영화의 인기 요인에 대해 여러 가지 분석이 있지만, 그중, '시대정신'으로 보는 시각이 단연 우세하다.
한 시대를 살아가는 인간의 내적 변화, 즉 돈을 밝히고 지켜주는 변호인에서, 사람의 생명을 지키는 변호인으로 거듭나는 개인의 변화 과정에 사람들은 열광한다.

시대를 사실적으로 이해하고 그 시대의 정의에 몸을 던지는 '시대정신'을 사람들은 존경한다. 실제로 그 매력적인 변화의 주인공은 대통령의 자리까지 올랐지만, 그의 마지막 노트에 언급한 대로, 운명이라는 전차가 몰고 가는 인생의 벼랑 끝에서 그 누구도 그를 지켜주지 못했다는 것이 또한 운명의 잔인함이자 인간의 한계다.

어쨌든 놀라운 것은 영화라는 문화 콘텐츠의 힘이다.
이미 손익 분기점의 두 배를 넘어선 수익도 수익이지만, 사람들의 마음을 사로잡는 문화의 힘 앞에서 문화 개혁을 꿈꾸는 한 사람으로서 부럽기까지 하다. 부러우면 지는 것이라고 하지만 부러움을 넘어 배워야 할 것이 있다.
사실, 성경 이외의 것으로부터 답을 얻은 적이 거의 없지만 그 영화를 통해 배운 것이 하나 있다.

그것은 사람의 인권과 생명을 무시하는 정치적 거대 시스템 앞에서, 힘없는 한 청년의 개혁 정신이 그것이다. 계란으로 바위를 깨뜨릴 수는 없지만, 계란은 살아있고 바위는 죽어있으므로, 생명 있는 계란은 언젠가 알에서 깨어나 바위를 넘는다는 훌륭한 대사가 감동으로 남았다.
세상의 흑암 문화를 생명 있는 그리스도 문화로 바꾸자는 우리의 기도 제목 앞에서 무엇을 어떻게 시작해야 할지 때로는 막연하고 답답한 불신앙이 일어나, 달걀로 바위 치기 같은 생각이 들기도 했었는데, 그렇구나.

생명은 죽음을 이기고, 빛은 어둠을 이긴다.

생명 없는 세상의 문화도 때로는 합리적이고 정연한 논리로 사람들을 설득하는데, 하물며 운명의 저주를 이기는 진짜 생명, 광명한 천사로 위장된 빛이 아닌, 참 빛 되신 그리스도의 힘과 지혜가 우리에게 있을진대, 무엇이 우리의 걸림돌이 되겠는가. 진짜 걸림돌은 기도해놓고 안 믿는 우리 자신의 불신앙이다.

이런 의미에서 문화 개혁을 위해 일심으로 전력투구, 전심으로 집중, 복음과 기도와 전도, 다문화 선교를 지속하려 한다. 하나님의 한맺힘, 문화 예술 개혁의 때와 기한은 하나님 손에 달려있으므로 조급할 필요도, 게으를 이유도 없다.

생명 있는 그리스도의 문화는 운명대로 가게 내버려 두는 죽음의 문화를 반드시 이긴다.

열매 없는 무화과나무
이 시대의 문화

기계 문명의 발달로 인하여, 날로 피폐해져 가는 오늘날의 정신문화를 바라보고 있노라면, 성경 속의 무화과나무를 떠올리게 된다. 예수님은 제자들과 길을 지나시다가 이파리만 무성한 채, 열매 없이 서 있는 무화과나무를 질책하셨고, 그 나무는 결국 말라비틀어져 죽었다.

믿음의 본질은 잃어버린 채, 하나님의 성전을 상업주의와 이기주의로 타락시킨, 당시 이스라엘 백성과 종교 지도자들에 대한 따끔한 경고였다.

이와 같은 맥락에서, 오늘날의 문화를 들여다보면 때로 비애를 느낀다. 제5공화국의 우리나라는 5·18 광주 민주 항쟁을 비롯한 민초들의 항거를 무마시키기 위해 소위 3S 정책으로 국민들의 정신세계를 타락시켰다.

섹스sex, 스포츠sports, 스크린screen이 그것이라는 것은 온 국민이 다 알고 있다. 사랑 없는 섹스 산업, 열정은 빠지고 열광만 지배하는 스포츠, 일시적 쾌락만 있고 창조가 없는 스크린은 우리의 따뜻한 마음과 정의로운 마음을 도둑질했다.
극단적인 사건 사고와 말초적인 자극에 장시간 노출된 사람들은 다른 사람들의 불행에 관심을 보이지 않는다고 한다. 참으로 위험한 일이 아닐 수 없다.

지혜가 빠진 기술 문명, 양심이 빠진 힘의 논리 앞에서 마치 시들어가는 무화과나무처럼 무력한 우리의 문화를 어떻게 개혁하고 갱신해 나가야 할 것인가 하는 문제는 전 우주적 문제이다.

그 가운데 오늘날의 교회야말로 이에 대해 가장 아프게 고민해야 한다고 생각한다. 그 이유는 교회만이 그 해답을 가지고 있기 때문이다. 구체적으로 말하자면 성경 속에 그 답이 있다.
흑암과 공허와 혼돈이야말로 오늘날의 세태를 총체적으로 대변하는 단어들이다. 그런데 성경은 이 모든 부정적인 요소들에 대한 분명한 근거를 제시하고 있음은 물론, 한 방에 이들을 날려보낸다.

바로, 흑암을 몰아내는 참 빛, 공허를 채우는 하나님의 말씀, 그리고 혼돈을 정리하여 질서를 세우는 보혜사 성령의 인도. 다른 종교는 마음을 비우라고 말하고, 철학은 논리를 펴서 분석만 하며, 심리학은 근거도 없이 다독이기만 한다.

그러나 성경 속 믿음을 본질로 하는 기독교는 열매도 없이 이파리만 무성한 허풍과 허망함, 위선에 대해 단호히 질책한다.

하나님을 대적하여 타락한 사탄에 길들여진 가인은, 동생 아벨을 죽이고도 전혀 양심의 가책이 없다. 아벨의 죽음을 묻는 하나님께 오히려 대든다.
"내가 내 아우를 지키는 자이니까?"
그때 하나님은 말씀하신다.
"죄가 네 문 앞에 엎드려 너를 파괴시키려고 기다리고 있구나."

최초의 살인자, 사이코패스인 가인의 후예들을 통해서 만들어진 사탄 문화가 바로 타락한 물질문명, 생명 없는 문화의 배후였음을 잊어서는 안 된다.

따라서 사탄의 잔머리를 밟아버린 만왕의 왕, 예수 그리스도, 메시아적 믿음을 먼저 회복하는 것이 종교 개혁이자 문화 개혁이고 인생 개혁이다.

하나님의 말씀 안에서가 아니면 문명의 견고한 기초란 없다고 말한, 미국의 사전 편찬자이자 저술가인 웹스터Noah Webster의 말을 새겨들어야 할 것이다.

우리는 문화적 정복자인가, 노예인가

십자가를 거꾸로 매달아 양 날개를 꺾은 형상을 하고 있는 뉴에이지 심볼 마크는 보면 볼수록 섬뜩하다.

불과 30여 년 전만 해도 뉴에이지 사상이 우리나라에 구체적이고 사실적으로 표면화되지는 않았던 것 같다.

물론 그때는 문화 · 예술 분야를 영적으로 깊이 바라보지 못했던 개인적 시각의 오류일 수도 있겠으나, 분명한 것은 친숙한 문화로 위장한 뉴에이지 문화가 현재, 의류, 서적, 미술, 음악, 공연 예술 곳곳에 속속들이 파고들어 우리의 영적 민감성을 마비시키고 있다는 것이다.

언젠가도 언급했듯이, 하나님의 존재를 조롱하고 인간 본연의 가치를 생명 없는 피조물과 동일시하는 흑암 문화를 빛의 문화로 개혁하는 것은 계란으로 바위 치기 같은 조바심이 들기도 한다.
세속주의와 물질만능주의를 등에 업고 독초처럼 산재해 있는 말초 신경적 우상 문화를 뒤엎는 것은 그리 만만한 일이 아니기 때문이다.
그럼에도 성경은 우리의 불신앙을 깨끗하게 불식시킬 분명한 근거를 보여 주고 있다.

뉴에이지 사상의 근간을 이루고 있는 거대한 애굽 문화가 한 방에 무너진 것은 완전 복음을 소유한 모세 한 사람의 믿음이었다. 애굽의 술사를 능가하는 모세의 지팡이는 그들의 정치, 경제, 사회, 문화를 장악하고 있는 사탄 숭배 사상을 무력화시켰을 뿐 아니라, 430년 동안 애굽의 노예로 살았던 하나님의 백성들에게 완전한 자유를 가져다주었다.
이로써 60만 이스라엘 민족은 비로소 하나님의 선택과 계획 안에 있음을 실감하는 민족적 자긍심과 정체성을 회복했을 뿐 아니라, 그들이 처한 곳이 광야든 여리고든 상관없이 그들만의 문화를 창출했다.

그것은 바로 모세의 지팡이를 힘있게 했던 '유월절 어린 양의 피'와 메시아, 즉 '그리스도의 비밀'이었다!

우리는 여기에서 소망을 찾는다.

문화 예술 분야에서 겨자씨만 한 믿음만 있어도 이 산을 명하여 저리로 옮길 수 있다는 것이 예수님의 믿음 법칙이다.
그렇다면 어둠과 캄캄함이 만민을 가리어, 도무지 영적 세계에 대해 무지하기만 한 이 시대를 깨우는 유일한 길은 지금 우리가 누리고 있는 복음의 비밀밖에 없다.

복음의 비밀은 하나님의 비밀이고, 하나님의 비밀인 예수 그리스도의 비밀 안에는 지혜와 지식의 보화가 감추어져 있다.
이 비밀을 소유한 후대의 양성, 그루터기들을 일으켜 세우는 것으로부터 겨자씨만 한 믿음의 실천이 시작되는 것이다.
이제는 붉은 벽돌로 교회당 벽을 쌓아 올리는 일에서 벗어나 후대들이 복음 문화를 창조하고 창작할 수 있는 터전을 마련해주어야 한다.

이것이 교회와 중직자의 사명이요, 하나님의 한 맺힘이다. 이로써 우리의 후대를 문화의 노예로 전락시킬 것인가, 문화의 정복자로 우뚝 세울 것인가가 가늠될 것이다.

진정한 힐링 문화

왜 그들은 고백하는 걸까.
소위 성공했다고 하는 연예인들이 부와 명성 뒤에 오는 고독과 공허, 의지와 깡으로 몸부림치며 견뎌내야 하는 죽음의 공포, '10초 후에 죽을 것 같은 느낌', '자신의 몸 안에 다른 사람이 들어와 있는 것' 같은 공황상태에 대해, 대중을 향하여 솔직하게 털어놓고 있다. 잘 포장된 모습만을 보여 주던 이전 트렌드는 지나간 모양이다. 게다가 체육인들의 일탈은 범죄로까지 치달아 그 양상이 심각해졌다. 전직 프로야구 선수가 납치 살인극을 벌여 우리를 놀라게 하더니, 요즘엔 전도유망했던 전직 축구선수의 밑바닥 없는 추락이 안타깝다.
남다른 열정과 피나는 노력 끝에 쟁취한 모든 것이 한순간 무의미해져 버리는 정신적 공황, 서릿발 같은 조직 속에서 자신과의 싸움 끝에 얻은 명예를 일시에 무너뜨리는 비열한 범죄 행위, 통제력을 잃어버린 무자비함…….

도대체 무엇이 그들을 깊은 어둠으로 몰고 가는 것일까.
이 문제를 고민하고 답을 찾는 과정이 소위 치유, 곧 힐링이다.
성공한 그들에게서 대중 속의 고독이라는 말을 실감한다. 성공은 아무나 하는 게 아니다. 성공하는 사람들은 성공 DNA를 나름 가지고 있다. 그렇다고 해서 한계를 극복하는 힘이 있다는 말은 아니다. 이런 부류의 사람들은 강하게 버티다가 거세게 파괴되는 것이 특징이어서 더 걱정이다.

개념 있는 연예인들 중에는 자신의 정신 문제를 선행이나 기부, 사회적 정의를 실현하는 것으로 상쇄하려 한다. 조금 더 영적인 개념을 가진 예술인들은 눈에 보이지 않으나 존재할 것 같은 존재에 대해 고민하다가 엉뚱한 이단 종교 사이비에 빠지거나 귀신이 빙의하여 반 무당으로 살아간다.
아니면, '살면서 경험할 수 있는 가장 무서운 공포'인 공황발작을 이기지 못하여 마약에 중독되거나 실제로 신을 받아 무속인의 길을 가기도 하는데 이거야말로 불가항력적이다.

요즘, 문화 체육 속에 침투한 마귀들의 굿판을 바라보자 하니 진정한 치유 문화에 대해 고민하지 않을 수 없다.

그들이 말하는 힐링은 답이 없다. 그저 속 한번 풀어놓고 못다 한 말 뱉어내면 막힌 것이 뚫린 것 같지만, 자존심 상하고 자괴감에 빠져 후회하다가 더 시달린다. 약효는 날이 갈수록 떨어져서 급기야는 의학으로도 안 되는 시점이 온다.

그렇다면 진정한 힐링 문화, 그 의미와 방법은 무엇인가.
복음의 능력은 치유와 자유에 있다. 묶였던 것으로부터의 자유, 시달렸던 것으로부터의 치유는 오직 성경에만 기록되어 있다.
마음은 비우고 싶다고 해서 비워지는 것이 아니다. 머리카락 밀고 산중으로 들어갔지만, 화투라도 쳐야 되는 스님들의 고민이 여기에 있다. 그들도 고독과 치매와 인간적 욕망으로부터 자유 할 수 없음을 알고 있는 것이다.

그래서 성경은 비우라고 하지 않고, '채우라'고 말한다.
빈 마음속에 일곱 귀신이 들어가 더 악해지는 것이 종교의 병폐다.
마태복음 12장 43-45절

'내 속의 또 다른 내'가 입신하여 우리의 삶을 멸망으로 끌고 다니다가 결국 지옥까지 끌고 가는 존재를 성경은 사탄 마귀 악령이라고 정의한다. 창세기 3장, 요한계시록 12장 7~10절이 어둠의 존재를 이기는 것이 치유이고 그로부터 벗어나는 것이 자유다. 치유와 자유를 위해, 하나님의 성령으로 영혼을 채우고, 하나님의 지혜요 능력인 그리스도 이름을 힘입어 귀신을 내어 쫓으면, 돈으로도 살 수 없고 명예로도 가질 수 없는 천국을 소유하게 된다.

마태복음 12장 28절

성경적 해결책, 복음의 위력, 예수 그리스도의 권세와 사랑으로, 사람을 살리고 일으켜 세우는 것이 힐링 문화다.
앉아서 답도 없는 공허한 말로 서로를 다독이는 것이 힐링이 아니라는 말이다.

문화 개혁이 인생 개혁부터 시작되어야 하는 이유가 여기에 있다. 열정도 있고 실력도 있는 저들이 더 무섭게 무너질까 봐, 안타깝다 못해 조급해지려 한다.

있는 자리에서
강대국을 움직이는 힘

기독교를 효과적으로 전파하기 위해 시대의 옷을 입히자고 한다. 맞는 말이지만 꼭 주의해야 할 것이 있다.

주객이 전도되어서는 안 된다는 것이다. 선교하기 위해 문화를 이용할 수는 있지만, 문화의 옷을 입히려다가 선교의 본질을 놓친다는 데 그 우려가 있기 때문이다.

예컨대, 청년층의 부흥을 위해 목사님이 노랑머리로 염색을 하고 청바지를 입어야 한다고 생각하면 그것은 큰 오산이다. 물론 그럴 수도 있다. 지루한 설교에서 벗어나 흥미와 재미를 주어 교회로 끌어들이고자 한다면 할 말은 없지만, 그렇게까지 해야 되는 그 상황이 오히려 애잔하다.

이 땅은 나이 불문, 성별 불문하고 같은 문제에 시달리고 있다.
자신이 돌든지 남을 돌게 하든지, 자신이 죽든지 남을 죽이든지, 그 중에 하나라는 말이 있다.
성경은 이런 문제들에 대해서 원죄적 문제요, 하나님을 믿지 않는 데서 비롯된 영적 문제로 규정하고 있다. 더불어 복잡한 듯 보이는 이 문제의 해답은 오직 하나, 구원의 길 되시고 생명 되시는 예수 그리스도를 믿고 하나님의 자녀로서 권세를 사용하여, 성령 충만으로부터 오는 힘으로 이 세상의 모든 문제를 뛰어넘어 승리할 수 있다고 밝히 말하고 있다.

그럼에도, 문제에 대한 질문이나 명확한 해답도 없이 잘 살고 있다고 생각한다면, 그것은 착각일 뿐이고, 개념 없이 산다는 증거이기도 하다. 무엇이 문제인지도 모르는 부류들이 사실은 다른 사람을 돌게 하는 경우가 허다하다는 데 더 큰 문제가 있기 때문이다.

시대가 이러할진대, 교회에 전자 오르간 대신 락 밴드를 들여놓고, 목사님이 청바지 입고 드라이아이스 안개를 피워가며 설교한다고 해서 시대의 옷을 입히는 문화 선교라 말할 수 없다는 것이다.

시대를 읽고 그 옷을 입힌다 함은 이런 것이다.
우리나라는 100명 중 3명이 외국인일 만큼 다문화 사회로 진입하고 있을 뿐 아니라, 유일한 분단국가로서 청년들이 의무적으로 군대를 가는 나라인데, 전쟁터가 아닌, 아군의 진지에서 꽃다운 목숨을 잃고 있는 심각한 현실에 직면해 있다. 게다가 버려진 아이들을 해외로 입양 보내는 일 또한 그 악명이 높다.

이러한 시대 상황을 읽고 교회에서 그에 대한 미래 준비는 물론, 현 세대의 각성을 통해 후대를 올바르게 세워나가는 것이 곧 시대를 읽는 전도와 선교이다.
이를 위해서 그들의 언어와 그들의 문화로 다가가는 것을 시대의 옷을 입은 문화 선교라 말할 수 있다. 개교회의 부흥만이 아닌, 민족을 넘어 5대양 6대주를 가슴에 품고, 흩어진 우리 그루터기들을 찾아 나서는 것이 곧 선교다.

지난주에는 미국으로 입양된 성인 입양인들을 교회로 초청하여, 자신의 정체성에 대하여 혼란스러워하는 그들에게 구원 받은 하나님의 자녀로서, 그들의 정체감을 회복시키고, 우리 문화를 소개함으로써 민족적 자긍심을 되찾아 주었다.

더불어 성도의 가정에서 머무르도록 배려함으로써 따뜻한 가족이 되어 주기도 하였다. 이로써 그들은 '예수 그리스도 안에서 우리 모두는 하나'라는 하나님의 말씀을 몸으로 체험하게 된 것이다. 이 증거를 가지고 그들은 기쁘게 그들의 나라로 돌아갔다.

가정 문제로 인하여 애굽으로 팔려갔던 요셉과 같이, 전쟁의 역사 속에서 바벨론의 포로로 끌려갔던 다니엘과 같이, 비슷한 이유를 가지고 이 시대의 강대국인 미국으로 건너간 그들을 위해 우리는 기도하고 기대한다.

그들이 품고 간 예수 그리스도의 생명과 사랑, 치유의 증거가 복음의 꽃으로 살아나, 민족과 애굽을 살린 요셉으로, 바벨론의 왕을 움직인 다니엘로 열매 맺기를.
이것이 바로, 있는 자리에서 강대국을 움직이는 힘, 시대를 읽는 문화 선교의 일환이다.

인생의 노래가 되어야 할 문화 개혁

생활 속에 담겨진 문화의 다양성은 아무리 열거해도 부족함이 없다. 광고도 문화, 경영도 문화, 치유도 문화, 음악도 문화, 교육도 문화, 심지어, 체육도 과학도 종교도 문화다.

이러한 문화의 속성은 곧 창의력이다. 창의력은 물질세계와 정신세계를 면밀히 관찰하고 발견하는 데서부터 시작된다. 그 발견에서 창의력이 나오고 창의력은 문화를 만들어 내어 사람들의 삶을 주도한다.
따라서 문화 창출을 주도하고 지속할 수만 있다면 우리는 쉽게 문화 개혁의 목표를 달성할 수 있을 것이다.

이렇듯 원론은 무지 쉽다.
그런데 우리의 문화 개혁 목표는 이 세상이 추구하는 문화적 코드와 그 근본은 물론, 담고 있는 내용의 의미와 가치가 구별되어야 하므로, 끈질긴 기도와 치밀한 노력을 필요로 한다.

헬라인에게는 미련해 보이고 유대인에게는 꺼리는 이름이 예수 그리스도이듯이, 기독교 문화에 대한 인식 또한, 세상 문화의 관점으로 보면 늘 구태의연하고 촌스러워서 식상하다는 누명을 벗지 못하고 있는 게 맹점이고, 현실이 요구하는 문화 코드를 받아들이자니, 늘 한발 늦는 '따라쟁이'의 놀림을 면할 길이 없다.

게다가 교회 안에서마저, 율법적 발상으로 문화적 다양성과 자유를 억압한다. 이러한 현상은 젊은이들의 발걸음을 교회에서 멀어지게 했을 뿐 아니라, 기독교 전체의 쇠락을 가져올 조짐을 보이고 있으니, 그리스도 안에서의 가치 있는 문화 개혁의 추구가 얼마나 절실하고 중대한 비전이 되어야 하는지, 다시 한번 문화 개혁의 의지를 추스르게 된다.

문화는 사람의 창의력에서 나오므로 문화는 곧 사람이다.

따라서 사람 개혁, 인생 개혁으로부터 올바른 창의력, 아름다운 문화, 사람을 살리는 문화 콘텐츠가 나올 수 있다.

며칠 전, 연예계의 프로듀서를 만났다. 그 만남이 소중하게 여겨졌던 것은, 지금까지 우리가 추구했던 복음적 문화 개혁의 가치와 목표를 다시 한번 확인하고 확신할 수 있었다는 데 있다.

화려하지만 언젠가 반드시 무너지는 문화 예술의 아이콘들. 그들에게 주어진 인생 말로의 공허가 참으로 가슴 아프다. 꽃도 피워보지 못하고 스러져 가는 슬픈 인생들도 허다하지만, 나름대로 인생에 꽃을 피우는 게 문화 예술인이다.

그런데 대부분, 그들의 인생에 열매가 없다.
눈에 보이지 않으나, 그들의 아름다운 정신세계를 빼앗고 도적질하여 공허와 혼돈과 흑암으로 몰아가는 어둠의 세력, 원죄적 살인자, 가인의 후손들이 만들어 낸 사탄의 문화에 끌려다니면, 한때 반짝 꽃을 피우는가 싶은데, 인생의 열매도 맺기 전에 깊은 나락으로 빠져들고 만다. 따라서 깊은 우울증에 시달리거나 공황 장애, 피해 의식에 묶여 은둔, 칩거하는 경우가 대부분이다.

그중에 그래도 열정이 남아 있는 이들 몇몇은 자꾸만 다른 것을 찾아 공허를 채워보려 애쓴다. 예컨대 개념 문화 예술인이 되어 민감한 정치 사안에 깊이 관여하거나, 경건의 모양을 보여 주는 구제와 헌신에 몸을 던진다.

대중을 상대로 사람들의 반응을 살피며 살아가는 그들의 습성은, 사람 앞에서 맹렬히 나팔을 불거나, 아니면 사람들 앞에서 끝없이 쪼그라든다.

이렇듯 운명적 슬픈 유산을 가지고 태어난 문화 예술인들을 살려내는 것이 복음적 문화 개혁이다.

사람들이 무엇을 필요로 하는가. 질문하고 발견하여 재창조하는 계시의 정신은 오직 복음으로부터만 온다는 믿음이 확고한 만큼, 복음적 문화 개혁은 우리 인생의 즐거운 노래가 되어 영원히 지속되어야 할 우리의 사명이라는 사실은 변할 수 없다.

우리에겐 비밀이 있다

온 세상이 우울한 이야기로 가득하다. 사회 각처에 재난과 탄식과 원망으로 가득한 뉴스가 만연한 가운데, 정치·사회·경제·문화를 막론하고 그 어떤 영역에서도 밝고 환한 이야기로 앞날을 제시하는 확실한 해답이 없다는 사실이 더욱 안타깝게 한다.

심지어 종교 지도자들마저도 각자의 교리에 따라 훈계하는 것으로 그치거나, 도그마를 넘어서는 종교의 일치와 화합, 또는 선행과 박애주의를 기초로 한 위로와 안위를 말할 뿐 근본 문제의 해결책은 내놓지 못하고 있다. 하긴 근본 문제가 무엇인지도 모르는 종교는, 그저 종교일 뿐이므로 애초에 그 답을 기대한다는것 자체가 무리이긴 하다.

쉽게 말해서 영적 사실을 간과한 지성이나 감성으로는, 영적 존재인 인간들이 끊임없이 만들어내는 영적 문제들을 해결하고 극복하기란 불가능하다는 말이다.
이 세상에서 일어나는 온갖 우울한 사건들의 치유는 그 진앙지를 알고 그 문제의 출발점에서부터 시작되어야 한다.
이런 관점에서 볼 때, 지금까지 골수에 박히도록 부르짖는 인생 개혁, 문화 개혁, 종교 개혁은 이 시대를 암흑에서 벗어나 빛으로 향하게 하는 유일한 방법이요, 하나님이 한 맺히게 원하시는 방법이기도 하다.
사람을 바꾸는 것이 인생 개혁이고 사회를 바꾸고 환경을 바꾸는 것이 문화 개혁이라면, 영원토록 아름다운 미래를 위해, 종교를 복음화하는 것이 종교 개혁이다.

사람이 바뀌면 문화가 바뀌고 문화가 바뀌면 사회가 바뀐다. 우울한 사람이 우울한 문화를 만들고 우울한 사회를 만든다면, 빛의 사람들이 빛의 문화를 만들고 빛으로 가득한 사회를 만든다는 다소 평범하고 단순한 논리이다.

하지만 말이 쉽지, 현실적으로는 밑도 끝도 없는 이야기다.

사람을 바꾼다는 것은 생각을 바꾼다는 말이기도 하다. 생각을 바꿔야 산다는 말은 동네 파출소 문 앞에도 내걸렸던 시절이 있었다. 그러나 사람도 변하지 않았고, 사회는 더욱 험악해졌다.

사람을 바꾸는 길은 어쩌면 종교 개혁에서부터 비롯되어야 하는지도 모른다. 지성과 감성을 사로잡아 영성으로 통일시키는 종교 개혁, 그것은 단순히 불교가 말하는 무소유의 개념도 아니고 천주교가 말하는 화합과 일치의 운동도 아닌, 생명 그 자체에 대한 개혁을 우선으로 해야 한다.
다시 말해서 사람들의 영적 상태부터 개혁되어야 진짜 개혁이 시작된다는 말이다. 기독교가 종교가 아닌 생명이 될 때, 기독교는 비로소 사람을 바꾸는 역할을 제대로 해낼 수 있다.

대한민국 최고의 지성이라고 하는 이어령 박사님이 교회를 다니게 되었다 해서 화제가 되었다. 그가 말하는 논리에 의하면, 지성이 영성으로 가는 길, 다시 말해 자신의 지성을 영성화 하는 하나의 길이 있었다면, 그것이 기독교였다는 이야기다.

다소 오해가 있을지 모르나, 그가 여러 종교 중에 선택했다고 말하는 기독교는 여전히 그의 지성에 갇혀 있었다. 문화적 코드에 따라,

나라별로 태양을 그리는 아이들의 색깔이 다르듯이 하나님을 이해하는 태도가 다르다면 그가 만난 기독교는 생명 그 자체가 아닌 종교일 수 있다.

종교로는 사람을 근본적으로 바꿀 수 없다. 오히려 분쟁과 갈등만을 야기시켜 왔을 뿐이다. 이는 수 세기를 거쳐 오면서 역사가 증명하는 것이다.

사람을 싸고 있는 지성과 감성을 완벽하게 바꾸는 길은 그리스도로 통일된 영성뿐이다.
그리스도로 통일된 영성이란 무엇인가.
지성과 감성을 그리스도의 유일성으로 완벽하게 승화시킨 사도 바울은, 세상의 모든 초등학문이 그리스도 앞에서는 배설물이 된다고 했다.
더 나아가 만물이 그리스도 발 앞에 복종한다고도 했다. 그리스도 없는 기독교는 종교이고, 종교로는 사람과 사회와 문화를 근본적으로 바꿀 수 없다는 말이기도 하다.

오직 그리스도 안에만 위대한 변화가 있다.

애통함으로부터 오는 힐링 문화 프로젝트

모 일간지의 보도에 의하면 우리나라 초·중·고등학생의 42%가 정신적으로 심각한 상태에 놓여있다고 한다.
백 년 전에도 청소년 문제는 사회 문제의 하나로 대두되었지만, 그때의 문제는 기성세대의 잣대로 겨누어 볼 때, 마음에 안 드는 정도의 행동 일탈이었다면, 지금은 어디서부터 어떻게 손대야 할지 모를, 속수무책인 상태를 말하는 것이니만큼, 애통하기 이를 데 없다. 멘탈 붕괴 수준이 거의 삶의 붕괴, 나아가서는 생명의 붕괴와 직결되어 있어서다.

과학과 의학과 심리 상담학은 더욱 발전, 발달하는데 인간의 정신 문제는 더욱 기승을 부리고 있고, 많은 학자들이나 종교인들은 자기계발서를 통해 위로하거나 경고하지만, 근본적인 치유책과는 거리가 멀다.

각종 인기 있는 문화 행사는 노골적으로 괴기스럽고 사탄적이어서 작가의 정신 속에 파고든 악령의 세계를 잘 표현하고 있음에도, 정작 그 문화를 누리는 사람들은 그런 영적 세계가 자신과는 무관한 것인 양 착각하는 사이에, 귀신의 역사는 자신도 모르게 스며들어서 원인도 모른 채, 똑같이 시달리게 된다.

이 문제에 대한 해답이 바로 성경에만 기록되어 있고, 그 문제의 근본 원인이 하나님을 대적한 사탄, 마귀, 악령이라고 명백히 밝히고 있지만, 기독교 예술 문화마저 직설화법으로 말하기를 꺼려한다.

오히려 세상 문화를 주도하는 방송, 잡지 등에서는 사람들과 친근한 문화 예술인들을 앞세워 흥미 위주로 영적인 세계를 흘려보낸다. 마치 특정인만의 문제인 것처럼 교묘히 포장하여 귀신의 세계를 친숙하고 친절하게 흥미 위주로 끌고 가는 것이다.

기독교 문화는 한 마디로 생명 문화다.
'기독', 즉 그리스도는, 메시아, 우리의 구원자를 의미한다. 그런데 이 시대 성공하는 문화 콘텐츠들은 대부분이 기독에 대적하는 창세기 3장의 근본 문제를 잘 훈련된 그들만의 방식으로 절묘하게 표현해내고 있다.
이에 비해 생명이 있다고 하는 기독 문화는 왠지 촌스럽고 지루하다. 그래서 더욱 애통하다.

경건의 모양만 있을 뿐, 경건의 능력을 모르는 종교인들, 율법과 제도와 규범과 교리에 묶인 우리 기독인들이 먼저 힘을 얻어서 복음으로부터 오는 진정한 자유와 해방을 맛보고 그 증거를 스토리텔링 하여 이 시대를 주도하는 복음의 멋쟁이가 되는 길은 없을까.

우리는 이제, 개교회의 부흥에만 급급하여 수십억씩 돈을 모아 빌딩 짓기에 나설 것이 아니라, 창세기 3장에서 시작된 인생의 근본 문제를 알고 애통해하며, 우리의 구원자로 이 땅에 오신 그리스도께서 사탄의 머리를 밟아버리셨다는, 창세기 3장 15절 분명한 구원관으로 완전 무장된 문화 예술인들을 길러내는 데 투자한다면, 그것이 바로 애국애족이고 민족 복음화, 세계 복음화에 공헌하는 길이라고 생각한다.

그래서 우리 예수사랑교회는 본격적으로 '힐링 문화 프로젝트'라는 기도의 깃발을 들었다. 청년들과 함께, 이미 현장에서 발견되고 준비된 문화 예술 전문인들이 매일 밤 9시 정시기도회에 모여 강단에서 무릎 꿇고, 흑암과 공허와 혼돈으로 묶인 자신과 이 시대를 바라보며 애통함으로 부르짖는다. 기도는 반드시 응답을 가져온다는 확신이 있기에 하나 되어 기도하는 것이다.

먼저 각자의 인생 개혁이 되어야 문화와 종교가 개혁된다.
자신의 전문성을 찾고 도전하는 힘, 세상적인 야망과 욕구를 버리고 하나님의 한 맺힌 소원을 가슴에 담는 거룩한 열정이 솟구칠 때, 우리는 비로소 하나로 뭉칠 수 있다.

아직도 내면에 똬리를 틀고 있는 사탄적 욕망과 거짓된 동기는 하나님도 아시고, 자신도 알고 마귀도 안다. 자신과의 치열한 영적 싸움으로 시작해야 하는 이유가 바로 여기에 있다.

이 영적 싸움에서 이긴 승리자만이, 하나님의 말씀이 고갈되어 목마르고 배고파하는 인생들에게 지상 최고의 맛을 보여 주는 진짜 멋쟁이들, 꿈을 넘어 꿈을 꾸는 문화예술인이 되리라 확신한다.

복음을 감싸고
돋보이게 할 문화 콘텐츠

요즈음의 소비성향을 들여다보면, 구매자는 특화된 브랜드 앞에서 너그럽게 지갑을 연다. 반면에 동네 골목 시장에서는 묻고 따지고 의심한다.

물론, 특화된 브랜드를 향한 소비자의 신뢰는 생산 주체의 오랜 전통과 노력의 결과물일 수도 있겠으나 다 그런 것만은 아니다. 거대 자본을 배경으로 광고 및 마케팅에 주력하여 소비자들의 인식을 긍정적으로 고착화했을 수도 있다.

다시 말해서 본질과 상관없이 잘 포장된 껍데기가 내용의 가치를 더욱 돋보이게 하고 고객의 만족을 극대화할 수도 있다는 것이다.

이러한 현상은 한국 및 세계 교회에서도 찾아볼 수 있다.

우리나라를 대표하는 일부 대형 교회들은 이미 그 이름이 브랜드화되어 묻지도 따지지도 않는 신뢰를 얻고 있다.

성경의 주제와 상관없는 정치와 철학, 신변잡기로 예배 시간을 덧없이 흘려보내고, 교회라기보다는 문화 센터에 가까운 분위기로 변질하여도, 성도들은 브랜드화된 교회 이름 하나 믿고 자신이 하나님 앞에서 옳은 길을 가고 있다는 착각 속에 있다.

이러한 현상은 성경적 측면에서 볼 때, 위험한 일이 아닐 수 없다. 속 빈 강정처럼, 복음의 내용도 없이 외형만 화려한 교회는 성도들을 실패로 몰아갈 수 있기 때문이다.
오늘날 교회의 진짜 위기는, 하나님은 믿지 않고, 고상하고 수준 높게 브랜드화된 '교회 이름'을 믿도록 성도들을 유도하는 데 있다.

한편, 완전한 복음의 내용을 갖고도 이를 더욱 돋보이게 할 문화적 콘텐츠나 전략이 없어 지루하거나 고루하거나 지나치게 폐쇄적이어서 성도들의 접근을 어렵게 한다면 이 또한 문제가 아닐 수 없다.

따라서 교회를 브랜드화하여 세속에 접근하는 시스템 개발도 중대한 전도, 선교 전략이 될 수 있다는 사실을 간과해서는 안 된다.
그런데 그 방법론에 있어서는 하나님께로부터 지혜를 얻는 기도가 절실하다. 주객이 전도되는 어리석음을 범치 않아야 하겠기 때문이다.
인류 최초의 살인자 가인은 '세월이 지난 후에' 하나님이 원하시는 예배의 본질을 상실하였고, 그 배후에는 사탄의 궤계가 개입되어 있었다.
시대의 풍조에 영합하는 영적 무기력은 '문 앞에 엎드려 호시탐탐 파괴를 노리는 죄의 권세'에 대하여 불감증을 가져와, 죄를 이기는 그리스도의 본질을 놓치게 한다. 창세기 4장 6~7절

그렇다면, 주옥같은 복음을 감싸고 빛낼 문화 콘텐츠의 개발은 어디까지 허용되는 것일까.
지역 특성을 지나치게 고려한 문화 전략은 바울의 아덴 사역처럼 힘을 잃을 수 있고, 엄격한 잣대를 들이대는 문화 사역은 교회의 문지방을 높여 후대 사역의 실패를 가져올 수 있다.
예를 들어, 거리를 떠도는 힙합을 교회로 가져온 힙합 교회, 소외된 문화를 교회로 이끌어내어 복음을 주기 위한 문화 콘텐츠는 방황하는 젊은이들에게 더없이 좋은 문화 전략이다.

하지만 '더 하우스'의 홈페이지에 들어가 보면, 예배의 본질에 대해서 약간의 혼란이 온다. '갈 데까지 간' 예배의 형태다. 하지만 이방인의 구원이 절실하듯, 이방 문화도 구원받아야 한다는 그들의 주장을 무시해서도 안 된다.
반면에 시대사조를 읽지 못한 교회들은 후대들에게 복음의 내용을

전할 기회마저 갖지 못한 채, 골목 상점처럼 문을 닫는다.

문화 개혁의 딜레마가 여기에 있다.
영적 민감성을 가지고 복음의 내용을 지키려는 노력 없이는, 교회의 지평을 넓히려다가 오히려 이방 문화에 흡수되었던 솔로몬의 과오를 되풀이하거나, 세계 복음화는커녕, 동네 복음화도 어려울 수 있다.

인생 개혁, 문화 개혁, 종교 개혁이라는 슬로건을 기도 제목 삼아 믿음 하나로 접근했던 지난 시간들 속에서, 때로는 머뭇거리기도 하고, 때로는 저질러 보기도 한 문화적 시도들을 통해 얻은 교훈이 있다.
그것은 복음의 본질을 가지고 깊이 뿌리 내리면, 문화 현장에서 중대한 만남이 이루어지고, 현장에서 찾아낸 전문인들이 복음의 가치를 깊이 깨달아, 그들 스스로, 자신이 가진 전문성을 복음의 내용으로 변화 발전시키는 것이 문화 개혁의 시작이라는 것이다.
결국, 문화 예술 체육인들 개개인의 인생 개혁이 문화 개혁으로 전환될 때, 껍데기에 연연하다가 알맹이를 잃어버리는 과오를 면할 수 있다는 말이다.

미래 문화 개혁을 위한 다문화 사회의 이해

인류 사회의 문화적 흐름이 점차 세계화되어 감에 따라, 우리나라로 유입되는 외국인의 수가 많아지는 만큼, 우리 민족 또한 지구를 발판으로 세계 각지에 흩어져 활동하고 있다.

이에 따라 우리나라 체류 외국인의 국적이 무려 195개국에 이르고, 국제 결혼자의 출신국이 무려 117개국인 데다가, 향후 10년도 채 못 되어 우리나라 총인구의 12.4%를 다문화 가정이 차지한다는 통계가 나와 있다.

이는 비행기도 타지 않고 세계 복음화 할 수 있는 길이 열렸으니 참으로 기뻐할 일이다. 그런데 이러한 복음적 관점과는 달리, 국가적 차원의 시각은 좀 다르다.

우리 민족 저변에 각인된 단일 민족으로서의 정체성으로 인해, 상대적으로 열악한 국가에서 이주해 온 다문화 사회와 혼혈인에 대한 저항감, 이는 나아가서 사회적 혼란과 집단 간의 갈등을 야기할 뿐 아니라, 잠재적 범죄로 이어질 수 있다는 우려를 낳는다.
따라서 국가는 정책적으로 다문화 교육과 정책 지원을 통해 인간으로서의 보편적 권리를 보장하고 문화의 다양성을 인정하여 안정적인 사회 공동체를 만들어가려고 노력하고 있다.

그러나 이러한 일련의 노력에도 불구하고 인간 본연의 문제, 소위 사람의 힘으로 안 되는 인간의 근본적인 문제는 단일 민족이냐 혼혈 민족이냐 하는 민족적 정체성에 상관없이 지구에 존재하는 전 인류의 공통된 문제이고 보니, 개인의 문제가 가정 문제로, 가정 문제가 사회 문제로, 사회 문제가 국가 문제로, 각 국가의 문제가 결국 세계적 문제를 일으켜, 아담과 하와 이후로 지금까지 온 지구는 전쟁과 기근과 재앙으로 몸살을 앓고 있다.

이러한 지구적 문제에 대해서 성경은 강력하고도 단순·명쾌한 해결책을 제시한다.
결론부터 말하자면, 다문화를 그리스도의 문화로 승화시키고, 다문화 사회를 그리스도의 사회로 개혁시키면 된다.

하나님을 떠나 죄 가운데 빠져 사탄의 종노릇하며 살아야 하는 인간의 근본 문제는, 하나님 만나는 유일한 길로 이 땅에 오신 예수 그리스도, 인류의 죄를 대속하기 위하여 십자가의 죽음으로 우리를 살리시고 부활하셔서 성령으로 우리와 함께하시는 그리스도, 만왕의 왕으로, 만유의 주로 이 땅에 오셔서 사탄의 일을 멸하신 메시아, 그리스도, 오직 그 이름으로, 가정과 사회와 국가를 파괴하는 하나님의 대적자, 이간자, 우리의 기쁨과 화평을 거짓말로 속여서 훔치고 빼앗는 존재를 산산이 무너뜨릴 때 해결될 수 있다.

이 믿음을 심어주는 것, 이것이 바로 그리스도의 문화 개혁이요, 그리스도의 사회 개혁이며 그리스도의 종교 개혁이자 인생 개혁이다.

예측불허의 시대, 공허한 바벨탑이 혼란을 불러일으키는 이 시대에 사람들은 방황하고 길을 잃고 헤맨다. 그러다가 낭떠러지에 떨어져 고독하게 울부짖는다. 언제 어느 때, 사자와 곰이 움키고 찢고 삼켜 버릴지 모르는 잃어버린 어린 양, 그들을 찾아 길 떠나는 것이 전도와 선교다.

이야말로 예수님의 한 맺힘이 아니던가. 가는 선교도 중요하지만, '우리 곁에 이미 와 있는' 길 잃은 어린 양을 절벽에서 붙들어 품에 안는 것, 이 또한 그에 못지않게 중요하다.

따라서 미래의 문화 개혁, 종교 개혁을 위해 우리가 준비해야 할 마음의 자세는 이렇다.
'잃어버린 어린 양을 찾아 나서는 예수님의 마음.'

문화권 개혁
매력적인 전도 제자가 필요하다

매력이란 그 사전적 의미로 '이상하게 사람의 눈이나 마음을 호리어 끄는 힘'이라고 정의한다.
'호리다'는 말의 어감이 유쾌하지는 않지만, 그 의미 역시, '매력으로 사람을 끌어당기다'라는 의미를 가지고 있다.
그런데 예수님께서는 이렇게 말씀하셨다.
"나를 따라오너라. 내가 너희로 사람을 낚는 어부가 되게 하리라."
마태복음 4장 19절

예수님을 따라가면 사람을 끌어당기는 매력이 생긴다는 것이다. 그래서 배와 부친을 버려두고 오직 예수님을 따라갔던 베드로, 그가 가는 곳에는 삼천, 오천 제자들이 줄을 이었고, 사도 바울은 생명 건

산업인, 정치인, 귀족들이 그의 걸음마다 함께했다. 심지어 예루살렘에서 일어난 박해를 피해 도망 다니던 빌립에게도 에티오피아 왕국의 국고를 맡은 고위 공무원을 끌어당기는 힘이 있었다.

그렇다면 정치와 경제, 사회와 문화, 종교를 개혁하는 힘이 '사람'에게서 나올진대, 예수님을 따라가는 '매력적인 사람'이 많이 나올 때, 문화 개혁은 가능하다 할 수 있겠다.
태초에 하나님의 형상과 모양을 따라 창조된 사람은, 이 세상의 모든 것을 다스리기도 하고 충만하기도 하며 정복하기도 했다.

다시 말해서 하나님과 함께 하는 사람, 하나님의 말씀을 개인화한 사람, 올바른 신앙고백 속에서 올바른 생각을 가지고 하나님이 원하시는 전문성으로 결론 내린 전도 제자들이 문화 영역은 물론 사회 각 분야에 포진해 있을 때, 잃어버렸던 에덴을 회복하는 혁신이 현실로 다가올 수 있다는 말이다.

종교가 아닌 복음으로, 신념이 아닌 신앙으로 자신을 개혁한 사람은 반드시 그리스도의 유일성과 세계 복음화를 향한 전문성의 응답을 누리게 되어있다.

복음은 사람을 꿈꾸게 하고, 미래를 내다보는 예지와 예언을 주며, 비전을 품게 하기 때문이다. 더불어 매력적인 사람, 매력적인 전도 제자는 오직 복음적 동기로만 움직여야 한다. 복음, 곧 예수 그리스도 안에는 지혜와 지식의 보화가 가득하다는 사실을 우리는 확실히 알고 믿고 있다. 골로새서 2장 3절

그런데 문제는 이 복음을 이용하여 내면에 숨겨진 다른 동기로 혁신이나 부흥을 말한다면, 하나님도 만홀히 여김을 당하지 않으실 것이고, 사람도 속지 않을 것이며, 마귀도 가만두지 않을 것이다. 분쟁과 분리의 이간자, 사탄은 사람 속의 숨은 동기와 교만함을 이용해 분열을 꾀할 것이고 무가치한 곳에 힘을 낭비하게 할 것이며 원색적인 복음을 희석시킬 것이다.

이렇듯 '사탄을 기쁘게 하는 자'는 매력적인 사람이 될 수 없다. 어느 날 관계의 파괴가 올 것이고, 그로써 개혁의 진도는 지체될 것이다.

그래서 우리 모두는 성령의 힘으로만 사람을 끄는 전도 제자, 하나님의 말씀을 자신에게 먼저 적용하여 개인화하고 복음화하며, 동시에 자신의 내면에 파고드는 숨은 동기를 영적 싸움으로 꺾어버리는, 멋있는 사람, 하나님이 원하시는 사람이 되어야 한다.

이런 사람은 매력이 있다. 이런 사람에게는 또 다른 사람들이 모여든다. 그 사람들이 함께 로마를 뒤집었다. 우리 모두 닮고 싶어 따라가고 있는 성경 속의 초대 교인들, 바로 그, 매력적인 사람들이 그랬다.

편집장의 글

책과 친하고
활자에 친숙한 이들의 '화두'는
게오르그 루카치의 별과 지도였다.

'별이 빛나는 밤하늘을 바라보면서
갈 수 있고
또 가야만 하는 길의 지도를 읽을 수 있었던 시대는
얼마나 행복했던가.'

끝이 없는 화두에
답을 찾고자 하는 것이 구도의 정신이라면
소중한 원고를 받고 모으고
엮어내는 일에 있어
얽히고설킨 인생의 길목에서
갈 수 있고
가야만 하는 길의 지도를 만들어냈을 때
출판의 환희를 맛본다.

'별밤을 밝히는 지도' 같은 책을 낼 수 있어 행복하다.

                    2020년 3월, 어제 내린 비로 봄이 시작하는 날
                                    초경 初更 김유순

A Butterfly Named Desire

욕망의 나비 칼리마

지은이 김서권
1판 1쇄 2020년 4월 29일
발행처 도서출판 HIM
발행인 김서권
편집 김유순, 육후연, 성민근, 최우림
편집 디자인 진성현
기획 및 홍보 이명석
표지 그림 디자인 김은혜, 유이원

등록번호 제 22 - 3166호
등록일자 2007년 7월 26일
137-074 서울시 서초구 서초 4동 1687-2 중앙서초프라자 202호
Tel 02-594-9101 / Fax 02-537-8771

저작권자 ⓒ 2020 김서권
이 책의 저작권은 저자에게 있습니다.
저자와 출판사의 허락 없이 내용의 일부를 인용하거나 발췌하는 것을 금합니다.

COPYRIGHT ⓒ 2020 by KIM, SEO KWON
All rights reserved including the rights of reproduction in whole
or in part in any form. Printed in KOREA

ISBN 979-11-969964-1-3 (03230)

독자의견 전화 02-594-9101
이메일 LMS2121@hanmail.net

이 도서의 국립중앙도서관 출판예정도서목록(CIP)은 서지정보유통지원시스템 홈페이지
(http://seoji.nl.go.kr)와 국가자료종합목록 구축시스템(http://kolis-net.nl.go.kr)에서 이용
하실 수 있습니다. (CIP제어번호 : CIP2020004157)